Über das Nichts des Denkens

Zur Erinnerung an
Professor Karl-Heinz Volkmann-Schluck
in Köln

NOBUKAZU NIIGATA

Über das Nichts des Denkens

Zum Anfang der Hegelschen Logik

FSC
www.fsc.org
MIX
Papier aus verantwortungsvollen Quellen
Paper from responsible sources
FSC® C105338

Um aus dieser Publikation zu zitieren,
verwenden Sie bitte diesen DOI Link:
https: //doi.org/10.22602/IQ.9783745870633

Bibliografische Information der Deutschen Nationalbibliothek:
Die Deutsche Nationalbibliothek verzeichnet diese Publikation
in der Deutschen Nationalbibliografie;
detaillierte bibliografische Daten sind im Internet
über dnb.dnb.de abrufbar.

publIQation
ACADEMIC PUBLISHING

PubliQation – Wissenschaft veröffentlichen

Ein Imprint der Books on Demand GmbH,
In de Tarpen 42, 22848 Norderstedt

Herstellung: BoD – Books on Demand GmbH,
In de Tarpen 42, 22848 Norderstedt

ISBN Print 978-3-7458-7062-6
ISBN ePDF 978-3-7458-7063-3

Inhalt

Vorwort 7

Über das Nichts des Denkens 9
A. Das Nichts bei Heidegger 9
B. Das Nichts bei Hegel 14
Zum Schluss 41

Über den Anfang der Hegelschen Logik –
Kritik an der Auslegung Gadamers 45
Zusatz zum Text 78
Zusatz zu dem Zusatz zum Text 93

Vom Zusammenbruch
des denkenden Ich 97
A. Hofmannsthal und Rilke –
der Zusammenbruch des Geistes 97
B. Novalis und Heidegger – das Nichts der Angst 107
a. Novalis 107
b. Heidegger 111
c. Hegel – von der Nacht der Seele
zur „Wissenschaft der Logik“ 116

Vorwort

Das Nichts ist ein Ereignis. Das Nichts geschieht als Verschwinden des Denkens selbst. Wenn das Nichts sich offenbart, gibt es kein Denken. Es existiert über das Denken hinaus. Man kann das Nichts durch das bloße Denken nicht begreifen, obwohl die Philosophie die Sache des Denkens ist. Man kann dem Nichts nur in der Erfahrung begegnen. Es handelt sich hierbei nicht um das Denken des Nichts, sondern um das Nichts des Denkens.

Hegel hat seine *Wissenschaft der Logik* vor mehr als zweihundert Jahren veröffentlicht. Seitdem war der Anfang der *Logik* immer wieder Gegenstand von Einwürfen und Angriffen. Drückt sich darin nicht aus, dass man diesen Anfang nicht verstehen kann? War die Rezeptionsgeschichte nicht eigentlich eine Folge von Missverständnissen? Durch eine neue Auslegung möchte der Verfasser einen Beitrag dazu leisten, die Geschichte der Missverständnisse zu beenden.

Für die Hilfe bei der Korrektur der deutschen Sprache und bei der Publikation dieses Büchleins danke ich meinem verehrten Freund PD Dr. Jens Heise.

Über das Nichts des Denkens

„Inmitten des Lebens offenbart sich der eigene Tod als das Nichts des denkenden Ich."

A. Das Nichts bei Heidegger

Dieser Aufsatz versucht zu zeigen, dass das Nichts bei Heidegger und Hegel das Nichts des denkenden Ich[1] ist und wie man den Anfang der Hegelschen Logik auffassen soll.

„Was ist Metaphysik?" (Die Vorlesung „Was ist Metaphysik?" 1929, Nachwort zu „Was ist Metaphysik?" 1943, Einleitung zu „Was ist Metaphysik?" 1949) ist das Werk Heideggers, in dem er das Nichts als das einzige Thema bedacht hat[2]. In diesem Werk sagt Heidegger: Wenn wir nach dem Nichts fragen, „was und wie das Nichts sei, verkehrt die Frage das Befragte in sein Gegenteil. Die Frage beraubt sich selbst ihres eigenen Gegenstandes."[3] „Das Denken" (= der Verstand) ist, wie Heidegger sagt, „wesenhaft immer Denken von etwas, es müsste als Denken des Nichts seinem eigenen Wesen entgegen handeln.[4] Warum muss das Denken seinem eigenen Wesen entgegenhandeln? Weil es das Nichts überhaupt zum Gegenstand (zum Seienden) macht.[5] „Das Nichts ist weder ein Gegenstand noch überhaupt ein Seiendes."[6] Wie wird dann das Nichts gegeben?

Heidegger sagt, dass wir ihm in der Erfahrung begegnen können.[7] Diese Erfahrung nennt er „eine Grunderfahrung des

---

1 „Das Nichts des denkenden Ich" bedeutet, dass das denkenden Ich verschwindet, nämlich, den Tod des Ich.

2 Martin Heidegger Gesamtausgabe Bd.9, Wegmarken, S.382.

3 Ebd., S.107.

4 Ebd.

5 Ebd.

6 Ebd., S.115.

7 Ebd., S.108.

Nichts."[8] Sie geschieht, nach Heidegger, „wenngleich selten genug – nur für Augenblicke in der Grundstimmung der Angst."[9] Er schildert seine Erfahrung wie folgt.[10]

> „In der Angst ist es einem unheimlich. Alle Dinge und wir selbst versinken in eine Gleichgültigkeit. Dies jedoch nicht im Sinne eines bloßen Verschwindens, sondern in ihrem Wegrücken als solchem kehren sie sich uns zu. Dieses Wegrücken des Seienden im Ganzen, das uns in der Angst umdrängt, bedrängt uns. Es bleibt kein Halt. Es bleibt nur und kommt über uns – im Entgleiten des Seienden – dieses ‚kein'. Die Angst offenbart das Nichts.
> Wir ‚schweben' in Angst. Deutlicher: die Angst läßt uns schweben, weil sie das Seiende im Ganzen zum Entgleiten bringt. Darin liegt, daß wir selbst – diese seienden Menschen – inmitten des Seienden uns mitgleiten. ... Nur das reine Da–sein in der Durchschütterung dieses Schwebens, darin es sich an nichts halten kann, ist noch da."

Wir wiederholen noch einmal, was Heidegger sagt. In der Grundstimmung der Angst geht die Vertrautheit mit der Welt verloren (unheimlich). Und so wird das Band mit ihr und sich selbst zerrissen (Gleichgültigkeit). In dieser Gleichgültigkeit geschieht das Wegrücken des Seienden im Ganzen. Und in diesem Wegrücken, das uns in der Angst umdrängt, entgleiten alle Dinge und wir selbst. Wir schweben in Angst. Es bleibt kein Halt. Nur das reine Da–sein in der Durchschütterung dieses Schwebens, darin es sich an nichts halten kann, ist noch da.

Solche Erfahrung hat nicht nur Heidegger gemacht. Einige Dichter haben sie auch. Zum Beispiel Kafka nennt dieses Schweben „die Seekrankheit auf festem Lande".[11] Hofmannsthal drückt sie aus als „der Seekranke (, der sich) nach festem Boden (sehnt)".

---

8 Ebd., S.109.

9 Ebd., S.111.

10 Ebd., S. 111, S. 112.

11 „Beschreibung eines Kampfes" 1936.

Er schildert „das Wegrücken (das Entgleiten) des Seienden im Ganzen" als „gespenstisch", „Gespenster" von den Dingen[12]. Im dem Wegrücken (Entgleiten) des Seienden im Ganzen verlieren alle Dinge ihre Wirklichkeit und sehen gespenstisch aus. Heidegger sagt dazu: „die im ganzen abweisende Verweisung auf das entgleitende Seiende im Ganzen, (als welche das Nichts in der Angst das Dasein umdrängt) ".[13] Novalis gebraucht auch denselben Ausdruck (gespenstisch). Zitieren wir aus seinem Werk.[14]

> „Es giebt so bange Zeiten, / Es giebt so trüben Mut, / Wo alles sich von weiten / Gepenstisch zeigen thut.
> Es schleichen wilde Schrecken / So ängstlich leise her, / Und tiefe Nächte decken / Die Seele zentnerschwer.
> Die sichern Stützen schwanken, / Kein Halt der Zuversicht; / Der Wirbel der Gedanken / Gehorcht dem Willen nicht.
> Der Wahnsinn naht und locket / Unwiderstehlich hin. / Der Puls des Lebens stocket, / Und stumpf ist jeder Sinn."

In dem Tagebuch schreibt Friedrich von Hardenberg (Novalis), dass er im März 1797 von einer schrecklichen Angst ergriffen wurde. Nach einigen Tagen bemerkt er: "Die Welt wird immer fremder – die Dinge um mich her immer gleichgültiger. Desto *heller* wird es jetzt *um* mich und *in* mir –".[15] Wir erinnern uns an das Wort „hell", das Heidegger in „Was ist Metaphysik? " plötzlich nur einmal spricht als „in der hellen Nacht des Nichts der Angst".[16] Novalis widmet die Hymnen an die Nacht, in der diese Helle (das Licht) auftritt. Nebenbei bemerkt, wie das Nichts bei Heidegger die Nacht ist, so ist bei Hegel, wie später erwähnt, die Nacht das Nichts.

Im Lied sagt Novalis „die sichern Stützen schwanken". Warum schwanken die sichern Stützen und gibt es keinen Halt der

12 „Die Briefe des Zurückgekehrten" 1907.
13 Heidegger Gesamtausgabe Bd. 9, S.114.
14 Novalis Werke, Tagebücher und Briefe Friedrich von Hardenbergs, Carl Hanser Verlag, Bd.1, „Geistliche Lieder", 1800.
15 Ebd., S.466.
16 Heidegger Gesamtausgabe Bd.9, S.114.

Zuversicht mehr? Weil die Gedanken, wie er sagt, wirbeln und dem Willen nicht gehorchen. (Nebenbei gesagt, schreibt Hofmannsthal auch über den Wirbel: „Wirbel sind die Worten, in die hinabzusehen mich schwindelt, die sich unaufhaltsam drehen und durch die hindurch man ins Leere kommt.") Und zugleich, weil jeder Sinn auch stumpf ist. In diesem Augenblick ist das Denken, (das gegenständliche Denken = der Verstand) verschwunden. Heidegger sagt: „den Verstand verabschieden"[17] oder „die Macht des Verstandes gebrochen wird",[18] diese Worte bedeuten zuerst diesen Zustand (dass das Denken verschwunden ist).

Das Verschwinden des Denkens bedeutet das Verschwinden des Selbstbewusstseins. Wie das Denken wesenhaft das Denken von etwas ist, ist das Bewusstsein wesenhaft das Bewusstsein von etwas (= Intentionalität). Ohne Gegenstand (etwas) können beide nicht bestehen. Das Subjekt des Denkens (das denkende Ich) ist das Subjekt des Selbstbewusstseins. Der Verstand (das denkende Ich) überblickt von außen als das Subjekt des Selbstbewusstseins sich selbst und die Welt. (Descartes vergleicht bekanntlich sein denkendes Ich als das Selbstbewusstsein, das sich selbst und die Welt von außen überblickt, mit dem Archimedischen Punkt, der außerhalb der Erde stehen soll.) Wenn das Denken verschwindet (Überwindung des Verstandes), so verschwindet auch das Selbstbewusstsein (Überwindung des Selbstbewusstseins). Dadurch, dass sie verschwinden, verschwindet auch dieser Überblick.

In der Grundstimmung der Angst, die das Nichts offenbart, *ist* der Mensch ohne das denkende Ich und ohne das Bewusstsein noch *da*. Dort gibt es nur die haltungslose Tatsache, dass er da ist. Auf diese Weise verwandelt er sich in sein Da-sein.[19] Da-sein heißt "Hineingehaltenheit in das Nichts."[20] Heidegger sagt, dass er das Sein im Nichts erfahren lernen muss.[21] Der Mensch befindet sich inmitten des Seienden im Ganzen.[22] Die Hineingehaltenheit

17 Ebd., S.108.
18 Ebd., S.117.
19 Ebd., S.113.
20 Ebd., S.115.
21 Ebd., S.307.
22 Ebd., S.110

des Da-seins in das Nichts ist das Übersteigen des Seienden im Ganzen: die Transzendenz.[23] Aus diesen zwei Gründen (das Verschwinden des Selbstbewusstseins und die Verwandlung des Menschen in sein Da-sein) gebraucht Heidegger in „Sein und Zeit" statt „Bewußtsein " das Wort „Dasein".[24] Er gebraucht auch das Wort „In-der-Welt-sein". Dieses Wort, das uns an die Worte Hegels „das Inn(e)re der Natur"[25] erinnert (das wird später erwähnt), stammt auch aus der Situation des Da-seins in der Grundstimung der Angst, die das Nichts offenbart.

Indem der Mensch sich in das Da-sein verwandelt, verwandelt auch das Denken sich in das Andenken an das Sein. Das Denken geht von dem vorstellenden in das andenkende Denken über.[26] Heidegger sagt: „Dann wird das vom Seienden als solchem gestellte und darum vorstellende Denken (= der Verstand) abgelöst durch ein vom Sein selbst ereignetes und darum dem Sein höriges Denken."[27] Das Andenken ist ein vom Sein selbst ereignetes und darum dem Sein höriges Denken. Heidegger nennt das Andenken auch das wesentliche Denken und sagt: "Da Sein ist kein Erzeugnis des Denkens. Wohl dagegen ist das wesentliche Denken ein Ereignis des Seins."[28]

Das Andenken Heideggers ist der Spekulation Hegels ähnlich. Ähnlich aber nicht dasselbe. Beide sind in der Erfahrung des Nichts geboren, aber zwischen beiden gibt es einen Unterschied. Das Andenken Heideggers ist ein vom Sein ereignetes Denken und so dem Sein höriges Denken. Zwischen dem Andenken und dem Sein gibt es den Abstand. Dagegen ist in der Spekulation Hegels das Denken mit dem Sein, wie später erwähnt, eins. Das Sein Hegels ist das Sein des Denkens, das aus dem Nichts übergegangen ist.

Zum Schluss der Darstellung über Heidegger müssen wir sagen; nur mit dem bloßen Denken, mit anderen Worten, wenn man die

---

23 Ebd., S.118.

24 Ebd., S.373.

25 „Jenaer Realphilosophie" 1805 (PhB., Bd.67, S.180).

26 Heidegger, Gesammtausgabe Bd.9. S.381.

27 Ebd., S.372.

28 Ebd., S.308.

Erfahrung des Nichts nicht hat, kann man, was Heidegger über das Nichts, das Sein (das Dasein auch) und das Nachdenken sagt, nicht begreifen. Zitieren wir seine Worte. Sie lauten,

> „Es ist der härteste, aber auch untrüglichste Probierstein auf die denkerische Echtheit und Kraft eines Philosophen, ob er sogleich und von Grund aus im Sein des Seienden die Nähe des Nichts erfährt. Wem dies versagt bleibt, der steht endgültig und ohne Hoffnung außerhalb der Philosophie."[29]

B. Das Nichts bei Hegel

Was für eine Erfahrung des Nichts hat Hegel? Das können wir in seinem Brief vom 27. Mai 1810 sehen. Der Brief lautet wie folgt.

> „Dieses Hinabsteigen in dunkle Regionen, wo sich nichts fest, bestimmt und sicher zeigt, allenthalben Lichtglänze blitzen, aber neben Abgründen, durch ihre Helle viel mehr, getrübt, verführt durch die Umgebung, falsche Reflexe werfen als erleuchten. Ich kenne aus eigner Erfahrung diese Stimmung des Gemüts oder vielmehr der Vernunft … Ich habe an dieser Hypochondrie ein paar Jahre bis zur Entkräftung gelitten; jeder Mensch hat wohl überhaupt einen solchen Wendungspunkt im Leben, den nächtlichen Punkt der Kontraktion seines Wesens"[30]

Die Erfahrung des Nichts bei Hegel geschieht als Symptom der schweren Hypochondrie. Hegel steigt „in dunkle Regionen" hinab, „wo sich nichts fest, bestimmt und sicher zeigt. Dort blitzen allenthalben Lichtglänze, aber neben Abgründen, durch ihre Helle viel mehr, getrübt, … werfen falsche Reflexe als erleuchten." Er schreibt in diesem Brief nicht über das Nichts, sondern über die Nacht. Aber in dieser Erfahrung der Nacht hat er bis zur Entkräftung und

29 Heidegger Gesamtausgabe, Bd.44, S.217.
30 Briefe von und an Hegel, 4 Bde., Felix Meiner, Bd.1, S.314.

zur Kontraktion seines Wesens gelitten. In der Entkräftung und Kontraktion seines Wesens müssen das Denken und jeder Sinn aus ihm verschwunden sein. Wie Novalis schreibt: „Die sichern Stütze schwanken, / Kein Halt der Zuversicht. ... Der Wahnsinn naht und locket / Unwiderstehlich hin.“ So schreibt Hegel auch: „In dunklen Regionen zeigt sich nichts fest, bestimmt und sicher“. Diese Erfahrung, dass in dunklen Regionen falsche Reflexe auftreten, können wir in „Jenaer Realphilosophie“ als eine konkrete Beschreibung lesen: „In phantasmagorischen Vorstellungen ist es ringsum Nacht; hier schießt dann ein blutiger Kopf, dort eine andere weiße Gestalt plötzlich hervor und verschwinden ebenso.“[31]

Der nächtliche Punkt bezeichnet den Wendungspunkt in seinem Leben. An anderer Stelle schreibt er: „Diese Hypochondrie fällt meist etwa um das 27ste Jahr des Lebensalters oder zwischen dasselbe und das sechsunddreißigste ... “[32] Also fängt diese Erfahrung in seinem 27. Jahr (im Jahr 1779) an und, wie im Brief geschrieben, dauert „ein paar Jahre“. 1801 veröffentlicht er „Differenz des Fichteschen und Schellingschen Systems der Philosophie“ („Differenzschrift“). In diesem Werk gelingt es ihm, zum ersten Mal logisch seine Erfahrung darzustellen. Zitieren wir daraus eine berühmte Stelle.

> „Das Absolute ist die Nacht, und das Licht jünger als sie, und der Unterschied beider, sowie das Heraustreten des Lichts aus der Nacht, eine absolute Differenz, – das Nichts das Erste, woraus alles Sein, alle Mannigfaltigkeit des Endlichen hervorgegangen ist. Die Aufgabe der Philosophie besteht aber darin, diese Voraussetzungen zu vereinen, das Sein in das Nichtsein – als Werden, die Entzweiung in das Absolute – als dessen Erscheinung, das Endliche in das Unendliche – als Leben zu setzen.“[33]

---

31 PhB., Bd.67, S.180.

32 F. Nicolin: Ein Hegelsches Fragment zur Philosophie des Geistes; in Hegel-Studien, Bd.1, S.35.

33 G.W.F.Hegel Werke in zwanzig Bänden, Suhrkamp, Bd. 2, S.24, S.25. Beim Zitieren aus diesen Werken unten werden nur die Bandzahl und die Seitenzahl angegeben.

Im Zitat gibt es ein Wort, das in der Beschreibung seiner Erfahrung der Nacht nicht auftritt: das Absolute. Dies bedeutet, dass er die Nacht in der Erfahrung als das Absolute empfängt. Er macht hier eine philosophische Auslegung über den Anfang der Genesis des Alten Testaments und drückt seinen Entschluss aus, von diesem Punkt seine Philosophie auszubilden. Hegel ist fest überzeugt, dass er die Offenbarung des Absoluten in der Nacht erblickt hat.

Übrigens, es gibt eine Stelle, wo er über die philosophische Erziehung im Gymnasium schreibt: "Der Jugend muss zuerst das Sehen und Hören vergehen, sie muss vom konkreten Vorstellen abgezogen, in die innere Nacht der Seele zurückgezogen werden."[34] Seine Worte „die innere Nacht der Seele" beziehen sich ohne Zweifel auf die Worte „die Nacht der Seele", die in der Strömung der europäischen christlichen Mystik als der Symbolbegriff gilt.

Die „Differenzschrift" zeigt, dass die Richtung seiner Philosophie entschieden ist. Wie die Worte im Zitat „das Sein in das Nichtsein – als Werden zu setzen" zeigen, können wir hier schon die Struktur des Anfangs der Logik, mit anderen Worten, die Entstehung der Dialektik bemerken. Die Spekulation Hegels entsteht auch in dieser Nacht. Später sagt er über sein Denken Folgendes.

> „Das *Erheben* des Denkens über das Sinnliche, das *Hinausgehen* desselben über das Endliche zum Unendlichen, der *Sprung*, der mit Abbrechung der Reihen des Sinnlichen ins Übersinnliche gemacht werde, alles dieses ist das Denken selbst, dies Übergehen ist *nur Denken*.[35]

Anschließend zitieren wir seine Auffassung des Denkens.

> „Das Denken, wie es die Substanz der äußerlichen Dinge ausmacht, ist auch die allgemeine Substanz des Geistigen. ... Betrachten wir das Denken als das wahrhaft Allgemeine alles Natürlichen und auch alles Geistigen, so greift

34 Bd.4, S.413.
35 Bd.8, S.131.

dasselbe über alles dieses über und ist die Grundlage von allem."[36]

Das Wort Denken in den oben zwei zitierten Sätzen ist nicht der Verstand (das bloße gegenständliche Denken), sondern die Spekulation. In „Differenzschrift" erklärt Hegel die Entstehung und die Struktur der Spekulation: Das Subjektive und Objektive sind in der empirischen Anschauung getrennt. Aber indem das gegenständliche Denken (der Verstand) verschwindet, wird die Anschauung transzendental. Hegel sagt:

> „Dadurch, daß die Anschauung transzendental wird, tritt die Identität des Subjektiven und Objektiven ins Bewußtsein."[37]

Über die Spekulation sagt Hegel ferner Folgendes:

> „In der transzendentalen Anschauung ist alle Entgegensetzung aufgehoben, aller Unterschied der Konstruktion des Universums durch und für die Intelligenz und seiner als ein Objektives angeschauten, unabhängig erscheinenden Organisation vernichtet. Das Produzieren des Bewußtseins dieser Identität ist die Spekulation, und weil Identität und Realität in ihr eins ist, ist sie Anschauung."[38]

Wie hier gesagt, ist die Spekulation die transzendentale Anschauung. In dieser Anschauung ist alle Entgegensetzung aufgehoben und aller Unterschied der Konstruktion des Universums durch und für die Intelligenz und seiner als ein Objektives angeschauten, unabhängig erscheinenden Organisation vernichtet vorhanden. Wie später erwähnt, ist das Seiende in die Nacht (= in das Nichts) zurückgegangen und in der Nacht (= in dem Nichts) aufbewahrt.

---

36 Ebd., S.82.
37 Bd.2, S.42.
38 Ebd., S.43.

Im Osten (Japan) gibt es traditionell einen Gedanken, dass das Nichts nicht die bloße Leere, sondern die Fülle ist. Zum Beispiel sagt Dogen (Zen Meister in Japan im 13. Jahrhundert):

> „Den Buddha-Weg ergründen, heißt sich selbst vergessen. Sich selbst vergessen, heißt eins mit den zehntausend Dingen [das Wort „zehntausend" bedeutet in der japanischen Sprache „allen"] sein. Eins mit den zehntausend Dingen sein, heißt Körper und Geist von uns selbst und Körper und Geist der Welt um uns fallen zu lassen."[39]

Wenn man sich selbst (das denkende Ich = den Verstand) vergisst, drängt sich einem alles Seiende heran. Diese Tatsache kann man aber durch den Verstand nicht begreifen, weil sie geschieht nur, indem der Verstand verschwunden ist. Das Nichts existiert nicht als der Gegenstand des denkenden Ich, sondern geschieht als das Nichts des denkenden Ich selbst. Dogen sagt in seinen Sätzen zugleich auch, dass man durch das sich selbst Vergessen das wahre Selbst erfahren muss.

Ähnliches sagt auch ein Hegelianer. Sein Name ist Iwan Iljin (den Namen und sein Werk[40] habe ich von Hans Rademaker[41]). Das übliche Verstandes-Denken und sein Gegenstand stehen, wie Iljin sagt, „einander gegenüber; sie bilden eine Zweiheit. Und diese Entzweiung verschwindet nie im Laufe des Denkens. … Das Denken ist vom Gegenstand grundsätzlich getrennt; Subjekt und Objekt … bleiben außer einander."[42] „Das Bewußtsein des Menschen bleibt für sich bestehen; und auch der gedachte Inhalt behauptet seine Selbständigkeit."[43]

Das spekulative Denken ist aber ganz anders, heißt es bei ihm. „Das spekulative Denken ist nicht nur *Denken*, sondern zugleich auch – *Schauen*. An die Stelle der Entzweiung und Vermittlung

39 „Shobogenzo" , Übersetzung aus dem Japanischen: Werner Kristkeits Verlag, Bd.1, S.58.

40 „Die Philosophie Hegels als kontemplative Gotteslehre", Bern 1945.

41 „Hegels <Wissenschaft der Logik>", Wiesbaden 1979, S. 26.

42 „Die Philosophie Hegels als kontemplative Gotteslehre", S. 52.

43 Ebd., S. 53.

tritt hier eine unmittelbare Einheit, ohne Zwiespalt und Riß."[44] Hier ist „eine Identität von Subjekt und Objekt."[45]

Über diese Identität von Subjekt und Objekt sagt er Folgendes: „Die Identität von Subjekt und Objekt bedeutet bei Hegel ... die Fusion, die Verschmelzung des einzelnen menschlichen Bewußtseins mit dem von ihm gedachten Inhalte."[46] Und so sagt er ferner: „Das Bewußtsein vergißt sich in der Sache'.... „Das Bewußtsein des Menschen muß sich also im Gegenstande auflösen und zwar bis zum Selbstvergessen ."[47]„Die spekulative Philosophie setzt ‚die Vernichtung eines menschlichen Bewußtseins selbst' voraus."[48]

Durch die Identität von Subjekt und Objekt entsteht die „Identität mit allen Individuen"[49] Dieses Wort „Identität mit allen Individuen" drückt den gleichen Inhalt aus wie die Sätze von Hegel: „In der transzendentalen Anschauung ist alle Entgegensetzung aufgehoben, aller Unterschied der Konstruktion des Universums durch und für die Intelligenz und seiner als ein Objektives angeschauten, unabhängig erscheinenden Organisation vernichtet" oder das Wort von Dogen „eins mit den zehntausend Dingen [=allem Seienden] sein".

Und ferner sagt Iljin: „Die dem spekulativen Anschauen eigentümliche Bewußtlosigket bedeutet für den Menschen eine Befreiung, eine Erlösung von sich selbst, von der zufälligen, bornierten, empirischen Subjektivität (Dogen nennt diese Tatsache „Körper und Geist von uns selbst und Körper und Geist der Welt um uns fallen zu lassen"); und dennoch ist es nicht der Tod des Bewußtseins, sondern seine Transformation, sein mit dem Gegenstande Einswerden."[50] Wie wir schon erwähnt haben, nennt Heidegger diese „Transformation des Bewußtseins" „Verwandlung des Bewußtseins in das Da-sein".

44 Ebd.
45 Ebd.
46 Ebd.
47 Ebd., S.54, S.55.
48 Ebd.
49 Ebd., S. 58.
50 Ebd., S.64.

Kehren wir zu Hegel zurück. Die Nacht (=das Nichts) bei Hegel ist nicht die bloße Leere, sondern die Fülle. Anschließend an die oben zitierten Sätze sagt Hegel über die Spekulation, die Vernunft und die Nacht Folgendes:

> „Die Spekulation fordert in ihrer höchsten Synthese des Bewußten und Bewußtlosen auch die Vernichtung des Bewußtseins selbst, und die Vernunft versenkt damit ihr Reflektieren der absoluten Identität und ihr Wissen und sich selbst in ihren eigenen Abgrund, und in dieser Nacht der bloßen Reflexion und des räsonierenden Verstandes, die der Mittag des Lebens ist, können sich beide begegnen."[51]

Die Spekulation entsteht, wie schon erwähnt, außerhalb des Bewusstseins. Sie fordert damit, über das Bewusstsein hinaus zu sein. Hegel sagt in dem Zitat: „Die Vernunft versenkt ihr Reflektieren der absoluten Identität und ihr Wissen und sich selbst in ihren eigenen Abgrund." Dieser Satz heißt, dass die Vernunft zu ihrer Geburtsstätte zurückkehrt. Die Vernunft ist in dem Abgrund der Nacht geboren, wo das Absolute sich offenbart. Wie oben schon gezeigt, schreibt Hegel in seinem Brief vom 27. Mai 1810: „Ich kenne aus eigner Erfahrung diese Stimmung ... der Vernunft. " Diese Stimmung ist dieselbe des „Hinabsteigen in dunkle Regionen, wo sich nichts fest, bestimmt und sicher zeigt." Die Vernunft ist in dunkle Regionen hinabgestiegen und dort dem Absoluten begegnet. Die Nacht ist die Nacht der Totalilität.[52] Dort verschwindet der Gegensatz von Subjektivität und Objektivität, den der Verstand, der alles begrenzt und fixiert, notwendigerweise produziert. Die Vernunft hebt „die Entgegensetzung der festgewordenen Subjektivität und Objektivität auf und das Gewordensein der intellektuellen und reellen Welt als ein Werden, ihr Sein als Produkte als ein Produzieren zu begreifen."[53]

Ferner sagt Hegel:

---

51 Bd.2, S.35.
52 Ebd., S.30.
53 Ebd., S.22.

> „Die Vernunft ... wird ... zur philosophischen Spekulation, daß sie sich zu sich selbst erhebt und allein sich selbst und dem Absoluten, das zugleich ihr Gegenstand wird, sich anvertraut. Sie wagt nichts daran als Endlichkeiten des Bewußtseins, und um diese zu überwinden und das Absolute im Bewußtsein zu konstruieren, erhebt sie sich zur Spekulation und hat in der Grundlosigkeit der Beschränkungen und Eigentümlichkeiten ihre eigene Begründung in sich selbst ergriffen."[54]

Anschließend sagt Hegel „Die Spekulation ist die Tätigkeit der einen und allgemeinen Vernunft auf sich selbst."[55] „Die Vernunft stellt sich als Kraft des negativen Absoluten, damit als absolutes Negieren, und zugleich als Kraft des Setzens der entgegengesetzten objektiven und subjektiven Totalität dar."[56] „Die Tätigkeit der Vernunft ist ein reines Darstellen ihrer selbst. In dieser Selbstproduktion der Vernunft gestaltet sich das Absolute in eine objektive Totalität, die ein Ganzes in sich selbst getragen und vollendet ist, kein Grund außer sich hat, sondern durch sich selbst in ihrem Anfang, Mittel und Ende begründet ist."[57] Hegel sagt im vorigen Zitat: „Die Nacht ist der Mittag des Lebens." Das Wort „Mittag" bedeutet hier „Zenit". In dieser Nacht des Absoluten, wo die bloße Reflexion und der räsonierende Verstand verschwindet, begegnen sich die Spekulation und die Vernunft.

Wiederholen wir noch einmal, was wir bisher dargestellt haben. Hegel hat eine Erfahrung, dass sein Denken vergeht (verschwindet) und wieder entsteht. Logisch gesagt, das Vergehen des Denkens heißt, dass das Sein des Denkens in Nichts übergeht, und das Entstehen des Denkens heißt, dass das Nichts des Denkens in Sein des Denkens übergeht. Indem das Denken vergeht (verschwindet), öffnet sich in der Seele die innere Nacht. In dieser Nacht der Seele sinken zusammen mit dem Denken alle Seiende in Nichts. Und

54 Ebd., S.19.
55 Ebd.
56 Ebd., S.26.
57 Ebd., S.46.

wenn das Denken wieder entsteht, sind alle Seiende wieder da. Indem Hegel das Nichts des Denkens erfahren hat, konnte er in der „Differenzschrift“ solchen Sachverhalt logisch darstellen.

Seit der „Differenzschrift“ von 1801 kommt in seinen Werken häufig das Wort „Nacht“ oder „Nichts“ vor. 1802 veröffentlicht Hegel „Glauben und Wissen“. Darin sagt er, alles Sein versinkt in dem Abgrund des Nichts.[58] Und die Geburtsstätte der Vernunft ist der geheime Abgrund.[59] Zugleich sagt er auch, „das Erste der Philosophie ist, das absolute Nichts zu erkennen.“[60] Um das absolute Nichts zu erkennen (= das Erste der Philosophie), kommt aber, wie es später im Anfang der „Wissenschaft der Logik“ heißt, das Sein zuerst (danach kommt als das Zweite das Nichts). Dieses Sein ist, wie Hegel „die positive Idee“ nennt, das Sein des Denkens, das das Nichts zu erkennen versucht.

Aus „Jenaer Realphilosophie“ (1805-1806) zitieren wir seine Sätze aus vier Stellen. Erstens: „Das Seiende ist in die Nacht zurückgegangen.“[61]

Zweitens:

> Was in der Nacht aufbewahrt ist, „ist *bewußtlos*, d.h. ohne als Gegenstand vor die Vorstellung herausgestellt zu sein. Der Mensch ist diese Nacht, dies leere Nichts, das alles in ihrer Einfachheit enthält … Dies [ist] die Nacht, das Innre der Natur, das hier existiert – *reines Selbst*.“[62]

Drittens:

> „Die Nacht enthält die sich auflösende Gärung und den zerrüttenden Kampf aller Kräfte, die absolute Möglichkeit von Allem, das Chaos, das nicht eine seiende Materie,

58 Ebd., S.432.
59 Ebd., S.431.
60 Ebd., S.410.
61 PhB., Bd.67, S.181.
62 Ebd., S.180.

> sondern eben in seiner Vernichtung Alles enthält. Sie ist die Mutter, das Bestehen, [die] Nahrung von allem, und das Licht die reine Form, die erst *ist*, *Sein* hat, in ihrer Einheit mit der Nacht. Der Schauer der Nacht ist das stille Beben und Regen aller Kräfte der Substanz."[63]

Und zum letzten, eine Stelle, wo Hegel schreibt „*denkendes* Anschauen oder anschauendes Denken."[64] Es gibt eine Stelle am Anfang der Logik, wo Hegel das anfangende Anschauen mit dem anfangenden Denken gleichsetzt. Hier in diesem Zitat finden wir schon den Keim davon.

Die Worte Hegels „das Innre der Natur" (zweitens) entsprechen, wie schon bemerkt, dem Wort Heideggers „In-der-Welt-sein". Der Verstand steht immer außer der Welt und übersieht von außen die Natur. In der „Differenzschrift" gibt es eine Stelle, wo Hegel über den Untergang des Verstandes spricht. Indem die Vernunft den Verstand führt, zerstört er sich. So hebt sie ihn auf.[65] Auf eine andere Weise sagt Hegel in „Phänomenologie des Geistes ", der Verstand muss die Übersicht vergessen. Es heißt:

> „Statt in den immanenten Inhalt der Sache einzugehen, übersieht er immer das Ganze und steht über dem einzelnen Dasein, von dem er spricht, d.h. er sieht es gar nicht. Das wissenschaftliche Erkennen erfordert aber vielmehr, sich dem Leben des Gegenstandes zu übergeben oder, was dasselbe ist, die innere Notwendigkeit desselben vor sich zu haben und auszusprechen. Sich so in seinen Gegenstand vertiefend, vergißt es jener Übersicht, welche nur die Reflexion des Wissens aus dem Inhalte in sich selbst ist."[66]

Dadurch, dass der Verstand untergeht, mit den Worten Heideggers, durch ihn zu verabschieden, vergißt er die Übersicht.

---

63 Ebd., S.80.
64 Ebd., S.188.
65 Bd.2, S.26, S.27.
66 Bd.3, S.52.

In „Jenaer Realphilosophie“ sagt Hegel, wie schon oben zitiert (drittens), „die Nacht ist die Mutter, das Bestehen, [die] Nahrung von allem, und das Licht die reine Form, die erst *ist*, *Sein* hat, in ihrer Einheit mit der Nacht.“ In „Phänomenologie des Geistes“, in der Hegel den Prozess vom natürlichen Bewusstsein zum wahren Wissen darstellt, erscheint das Wort „Nacht“ erst in dem vorletzten Kapitel „die Religion“ und im letzten Kapitel „das absolute Wissen“ auf. Dort sagt er, die Nacht ist „die Nacht der Substanz“[67] und „die Nacht“ ist „die reine Gewißheit seiner selbst.“[68] In der Vorrede spricht er über sein Vorhaben, „das Wahre nicht als *Substanz*, sondern ebensosehr als *Subjekt* aufzufassen und auszudrücken.“[69] Denselben Inhalt wiederholt er im Kapitel „die Religion“: „die Nacht, worin die Substanz verraten ward und sich zum Subjekte machte.“[70]

Hegel sagt, die Substanz wurde in der Nacht verraten und hat sich zum Subjekt gemacht. Wie die Substanz sich in der Nacht zum Subjekt machte? Die Antwort können wir dem Zitat oben aus „Jenaer Realphilosophie“ entnehmen: „und das Licht die reine Form, die erst *ist*, *Sein* hat, in ihrer Einheit mit der Nacht.“ In „Differenzschrift“ hatte Hegel schon geschrieben: „Das Absolute ist die Nacht, und das Licht jünger als sie, und der Unterschied beider, sowie das Heraustreten des Lichts aus der Nacht, eine absolute Differenz.“ Wie Hegel sagt, es gibt erst die Nacht und in der Nacht tritt das Licht heraus, aber das Heraustreten des Lichts aus der Nacht ist eine absolute Differenz. Zwischen der Nacht und dem Licht gibt es eine Differenz, die absolut ist. Wie er im Zitat aus „Jenaer Realphilosophie“ sagt, ist das Licht als die reine Form erst, und hat *Sein* in der Einheit mit der Nacht (auf diese Weise ist die Wahrheit die absolute Einheit beider).

Wenn wir folgendermaßen auffassen, was Hegel hier sagt, können wir verstehen, wie die Substanz das Subjekt wird. Zwar kommt die Nacht an erster Stelle, aber in dieser Nacht tritt das

67 Ebd., S.526.
68 Ebd., S.514.
69 Ebd., S.23.
70 Ebd., S.514.

Licht auf. Wenn es dieses Licht nicht gäbe, könnte die Nacht als die Nacht nicht entstehen, weil die Nacht ohne dieses Licht als die Nacht nicht erkannt werden kann. Mit anderen Worten ermöglicht das Sein des Lichtes, das in der Nacht auftritt, das Sein der Nacht. Auf diese Weise entsteht in der Nacht die Bewegung, in der die Substanz das Subjekt wird. Zusammenfassend ist die Nacht als das Absolute die Nacht der Substanz. Und diese Nacht wurde durch das Licht, das in der Nacht auftritt, das Subjekt. Das absolute Wissen als das wahre Wissen entsteht dadurch, dass die Substanz in der Nacht das Subjekt wird. In „Phänomenologie des Geistes" kehrt Hegel aus der sinnlichen Gewissheit vom Alltagsleben ausgehend in die Nacht des Absoluten zurück.

In „Phänomenologie des Geistes" gibt es eine Stelle, wo Hegel über „das Mystische" spricht. Sie lautet: „Das Mystische ist nicht Verborgenheit eines Geheimnisses oder Unwissenheit, sondern besteht darin, daß das Selbst sich mit dem Wissen eins weiß und dieses also geoffenbart ist. Nur das Selbst ist sich offenbar, oder was offenbar ist, ist es nur in der unmittelbaren Gewißheit seiner."[71]

Um das Wort „das Mystische" besser zu verstehen, schlagen wir in der „Enzyklopädie der philosophischen Wissenschaften" nach. Wir zitieren drei Stellen aus dem Zusatz vom Paragraph 82.

> „Hinsichtlich der Bedeutung des Spekulativen ist hier noch zu erwähnen, daß man darunter dasselbe zu verstehen hat, was früher, zumal in Beziehung auf das religiöse Bewußtsein und dessen Inhalt, als das *Mystische* bezeichnet zu werden pflegte."[72]

Hegel sagt hier, dass das Mystische dem Spekulativen gleicht. Und zweitens:

> „Alles Vernünftige ist somit zugleich als mystisch zu bezeichnen, womit jedoch nur soviel gesagt ist, daß dasselbe über den Verstand hinausgeht, und keineswegs, daß

71 Ebd., S.526.
72 Bd.8, S.178.

dasselbe überhaupt als dem Denken unzugänglich und unbegreiflich zu betrachten sei.[73]

Hier sagt er, dass das Mystische dem Vernünftigen gleich ist. Drittens sagt er, „daß das Mystische allerdings ein Geheimnisvolles ist, jedoch nur für den Verstand."[74] Von der Spekulation und der Vernunft, die über den Verstand hinausgehen, war schon oben die Rede.

Die Darstellung der Logik fängt mit dem Sein an. Hegel sagt über den Anfang, „der Anfang der Logik, des Denkens für sich"[75] und „der Anfang als des Denkens[76], und ferner „Was das *Prius* für das Denken ist, (soll) auch das *Erste* im *Gange* des Denkens sein."[77] Hegel sagt hier nämlich, dass der Anfang der Logik der Anfang des Denkens als solches ist. Diese drei Ausdrücke fügt er in der zweiten Ausgabe hinzu. Er schreibt auch zugleich, dass „die Überwiegende Menge von Einwürfen und Angriffen auf die ersten Begriffe oder Sätze, das Sein und Nichts und das Werden" gerichtet wurden.[78] Es gibt hier wohl den Sachverhalt, dass die für die Logik wichtigste Sache schwer zu verstehen ist. Darum musste er sie in der zweiten Ausgabe hinzufügen. Und diese Einwürfe und Angriffe wiederholen sich noch heute.

Der Anfang ist, wie Hegel sagt, das Sein. So sagen die drei Ausdrücke oben: „das Sein der Logik, des Denkens für sich" und „das Sein, als des Denkens" und ferner „Das Sein, das das *Prius* für das Denken ist, (soll) auch das *Erste* im *Gange* des Denkens sein". Mit einem Wort ist der Anfang das Sein des Denkens. Hegel sagt hiermit, dass das Sein als der Anfang das Sein des Denkens ist, das gerade aus dem Nichts in Sein übergeht. Diese Worte werden aber leicht missverstanden. Es handelt sich hier um unser Denken, das diese Worte aufnimmt. Wie nimmt unser Denken diese Worte auf?

---

73 Ebd., S.179.
74 Ebd.
75 Bd. 5, S. 68.
76 Ebd., S.73.
77 Ebd., S.66.
78 Ebd., S.32.

Unser Denken stellt „das Sein“ und „das Denken“ als Gegenstand vor. Somit sind und bleiben „das Sein“ und „das Denken“ als Gegenstand außerhalb unseres Denkens und sie kommen nie ins Innere (die bloß äußere Reflexion). Gerade hier gibt es „den Probierstein, ob der Philosoph sogleich und von Grund aus im Sein des Seienden die Nähe des Nichts erfährt“ (Heidegger). Die innere Reflexion heißt dagegen, sich mit dem Seienden („dem Sein“ oder“ dem Denken“) zu identifizieren. Dadurch, dass der Philosoph das Nichts seines denkenden Ich erfährt, entsteht erst diese Identifizierung, weil dann der Abstand zwischen Gegenstand und Ich verschwindet. Indem er sich mit dem Gegenstand („dem Sein“ und „dem Denken“) identifiziert, entsteht erst die innere Reflexion. Wenn der Philosoph das Nichts nicht kennt, wird er für immer außerhalb des Gegenstandes bleiben, weil er das Verschwinden des Abstandes nicht kennt. Dagegen kann sich derjenige, der das Nichts kennt, mit ihnen identifizieren. Er kann, sich mit „dem Sein“ und „dem Denken“ identifizierend (als die innere Reflexion), sie als Gegenstand vorstellen (als die äußere Reflexion). Dieses Denken ist „die äußere wie die innere Reflexion“ (diese Reflexion wird später noch einmal erwähnt). Wem das Sein“ und „das Denken“ nur als Gegenstand bleiben, ohne sich mit ihnen identifizieren zu können, dem wird der Weg verschlossen bleiben, der zum Verständnis dieser Worte Hegels führt.

Hegel schreibt, dass „hier [= in der Logik] das Sein das Anfangende ist.“ Und „der Anfang bestimmt sich nur dadurch, dass der Anfang der Logik, des Denkens für sich sein soll. Nur der Entschluss, dass man das *Denken als solches* betrachten wolle, ist vorhanden.[79] Wie er sagt, ist die Darstellung der Logik „die Darstellung der Entwicklung des Denkens in seiner Notwendigkeit.“[80] Und er sagt auch „der Anfang, als der Grund, worauf alles gebaut sei.“[81] Er sagt dasselbe in verschiedenen Ausdrücken. „Der Anfang soll selbst Grund der ganzen Wissenschaft sein.“[82] „Das

79 Ebd., S.68.
80 Ebd., S.30.
81 Ebd., S.32.
82 Bd.5, S.69.

Anfangende bleibt allem Folgenden zugrunde liegen und verschwindet nicht daraus."[83] „Der Anfang der Philosophie ist die in allen folgenden Entwicklungen gegenwärtige und sich erhaltende Grundlage, das seinen weiteren Bestimmungen durchaus immanent Bleibende."[84] „Die Wissenschaft ist erst … in ihrer ganzen Entwicklung seine vollendete, inhaltsvolle und wahrhaft begründete Erkenntnis."[85] Weil „das, was den Anfang macht, indem es darin das noch Unentwickelte Inhaltslose ist, im Anfang noch nicht wahrhaft erkannt wird."[86] Deshalb „ist das Vorwärtsschreiten in der Philosophie ein Rückwärtsgehen und Begründung".[87] Und „das Ganze der Wissenschaft ist ein Kreislauf in sich selbst, worin das Erste auch das Letzte und das Letzte auch das Erste wird."[88] Somit „macht sich die Linie der wissenschaftlichen Fortbewegung *zu einem Kreise.*"[89]

Hegel schreibt später im letzten Kapitel der Wissenschaft der Logik (Zweiter Teil, Dritter Abschnitt, Drittes Kapitel, Die Absolute Idee) „die Logik ist in der absoluten Idee zu der einfachen Einheit zurückgegangen, welche ihr Anfang ist." Das Sein, „die *einfache Beziehung auf sich*", ist nun „das *erfüllte* Sein, der sich *begreifende Begriff*, das Sein als die *konkrete*, ebenso schlechthin *intensive* Totalität."[90] Das Absolute ist im Anfang *noch* unmittelbar, aber es ist nun sozusagen *schon* unmittelbar. Die Darstellung der Logik ist die des Prozesses, in dem das Noch im Anfang am Ende das Schon wird.

Wie steht es denn mit der Beziehung zwischen den zwei Anfängen, dem Sein und dem Denken? Hegel sagt über das Sein in der Jenaer Zeit schon, „daß das Sein schlechthin nicht außer dem Ich, … Denken, sondern beide eins sind"[91] Darüber sagt er später,

83 Ebd., S.71.
84 Ebd.
85 Ebd.
86 Ebd.
87 Ebd., S.70.
88 Ebd.
89 Ebd., S.71.
90 Bd.6, S.572.
91 Bd.2, S.431.

was dasselbe ist, „die Identität des Seins und des Denkens."[92] Um es kurz zu fassen, zu Anfang fängt das Denken als Sein an. Der Anfang ist das Sein des Denkens. In diesem Sinne tritt das Sein am Anfang als der erste Begriff auf.

Wir müssen fragen, wie es mit dem Denken steht, bevor es anfängt. Die Antwort: bevor das Denken anfängt, gibt es nur das Nichts. Die Darstellung fängt, wie z.B. in „der Analyse des Anfangs" angekündigt,[93] in und aus dem Nichts (= der Nacht) an. Hegel gebraucht hier statt „Nacht" das Wort „Nichts", weil das sinnliche Wort „Nacht" für den logischen Inhalt des Werkes nicht passt. Die Darstellung fängt mit dem Sein des Denkens an. In der Hypochondrie ist sein Denken einmal verschwunden (das Nichts des Denkens) und wieder entstanden (das Sein des Denkens). Hier gibt es zwei Übergänge des Denkens: zuerst der Übergang des Seins des Denkens in das Nichts des Denkens (Hinweg) und dann der Übergang des Nichts des Denkens in das Sein des Denkens (Rückweg). Das Nichts ist zwischen den beiden Wegen des Denkens. Und das entstandene Denken versucht als Sein des Denkens, das Nichts zu erkennen (wie schon bemerkt, schreibt Hegel in „Glauben und Wissen" von 1802: „das Erste der Philosophie ist, das absolute Nichts zu erkennen.")

Er schildert im Anfang der Logik diese Übergänge als das Sein und das Nichts und das Werden. Hierbei ergibt sich ein Problem. Wenn man eine Bewegung zu schildern versucht, kann man sie als solche bewegend nicht schildern. Es bleibt nichts machen, als sie stehen bleibend zu schildern. Daraus ergibt sich die Schwierigkeit, sie zu schildern und zugleich zu verstehen. Hegel schreibt, „die Überwiegende Menge von Einwürfen und Angriffen wurden auf die ersten Begriffe oder Sätze, das Sein und Nichts und das Werden" gerichtet.[94] Und diese Einwürfe und Angriffe wiederholen sich noch heute.

Warum richtet man denn auf die ersten Begriffe oder Sätze die Einwürfe und Angriffe? Weil man sie nicht verstehen kann.

92 Bd.8, S.192.
93 Bd.5, S.73.
94 Ebd., S.32.

Warum kann man sie nicht verstehen? Weil man sie durch den Verstand zu begreifen versucht, der „in den immanenten Inhalt der Sache" nicht eingehen kann und die Sache wie sonst immer von außen übersieht und deshalb notwendigerweise nicht imstande ist, sie zu verstehen, besonders ist das Nichts zu begreifen, am schwierigsten. Hegel sagt, „das Denken des Nichts (heißt) sein Umschlagen in Sein."[95] Er sagt ferner, „das Nichts wird gedacht, vorgestellt, es wird von ihm gesprochen, das Nichts hat an dem Denken, Vorstellen, Sprechen usf. sein Sein. Dies Sein ist aber von ihm unterschieden; es wird daher gesagt, daß das Nichts zwar im Denken, Vorstellen ist, aber daß darum nicht *es* ist, nicht ihm als solchem das Sein zukomme, daß nur Denken oder Vorstellen dieses Sein ist."[96] Es handelt sich nicht um das Denken des Nichts, sondern um das Nichts des Denkens. Das Nichts kann man durch das Denken des Nichts nie begreifen, weil das Nichts das Nichts des Denkens als solches ist.

Im Paragraph „a. *Einheit des Seins und Nichts*" von „C. Werden" schreibt Hegel von drei Wahrheiten.[97]

1. „Was die Wahrheit ist, weder das Sein noch das Nichts, sondern daß das Sein in Nichts und das Nichts in Sein – nicht übergeht, sondern übergegangen ist."
2. „Aber ebensosehr ist die Wahrheit nicht ihre Ununterschiedenheit, sondern daß *sie nicht dasselbe*, daß *sie absolut unterschieden*, aber ebenso ungetrennt und untrennbar sind und unmittelbar *jedes in seinem Gegenteil verschwindet.*"
3. „Ihre Wahrheit ist also diese *Bewegung* des unmittelbaren Verschwindens des einen in dem anderen: *das Werden;* eine Bewegung, worin beide unterschieden sind, aber durch einen Unterschied, der sich ebenso unmittelbar aufgelöst hat."

Diese drei Wahrheiten fassen wir wie folgt zusammen.

95 Ebd., S.105.
96 Ebd., S.107.
97 Ebd., S.83.

1. Das Sein ist in Nichts (und das Nichts in Sein) übergegangen.
2. Das Sein und das Nichts sind *absolut unterschieden*, aber sie sind ungetrennt und untrennbar und *jedes verschwindet in seinem Gegenteil* unmittelbar.
3. Diese Bewegung des unmittelbaren Verschwindens des einen in dem anderen: *das Werden*; eine Bewegung, worin das Sein und das Nichts absolut unterschieden sind, aber der Unterschied hat sich unmittelbar aufgelöst.

Diese drei Sätze können wie folgt umgeschrieben werden.

1. Das Sein des Denkens ist in Nichts (und das Nichts des Denkens in Sein) übergegangen.
2. Das Sein des Denkens und das Nichts des Denkens sind *absolut unterschieden*, aber sie sind ungetrennt und untrennbar und *jedes verschwindet in seinem Gegenteil* unmittelbar.
3. Diese Bewegung des unmittelbaren Verschwindens des einen in dem anderen: *das Werden* des Denkens; eine Bewegung, worin das Sein des Denkens und das Nichts des Denkens absolut unterschieden sind, aber der Unterschied hat sich unmittelbar aufgelöst.

Der 1. Satz bedeutet, dass die Übergänge (das Sein in Nichts und das Nichts in Sein) plötzlich geschehen, und wenn man sie bemerkt, sind sie schon beendet (wie mit dem Perfekt „ist übergegangen“ ausgedrückt ist). Der 2. Satz bedeutet, dass das Sein des Denkens und das Nichts des Denkens unterschieden sind, aber der Unterschied absolut ist und diese plötzlichen Übergänge unmittelbar sind, und der Unterschied und die Übergänge für das übergehende Denken unbegreiflich sind. Der 3. Satz bedeutet, dass diese Übergänge die Bewegung des Werdens sind, in der der Unterschied sich unmittelbar aufgelöst hat.

Ich habe gesagt, dass der Unterschied und die Übergänge absolut und unmittelbar sind und für das übergehende Denken (oder das anfangende Denken) unbegreiflich sind. Ferner muss es für das Denken unmöglich sein, die Tatsache selbst zu erkennen, dass sie für dieses Denken als solches absolut und unmittelbar sind. Hegel sagt: „In der reinen Reflexion des Anfangs, wie er in dieser Logik mit dem *Sein* als solchem gemacht wird, ist der Übergang noch verborgen; weil das *Sein* nur als unmittelbar gesetzt ist, bricht das *Nichts* an ihm nur unmittelbar hervor."[98] Daher ist „das Übergehen noch kein Verhältnis."[99] Wie ergibt sich dann die Erkenntnis, dass sie absolut und unmittelbar für das Denken sind? Es ist „die äußere wie die innere Reflexion", die dieses Verhältnis begreift.[100] Hegel lehnt die bloß äußere Reflexion ohne die innere Reflexion ab (zum Beispiel, Bd.5, 106), aber erkennt „die äußere wie die innere Reflexion" an. Diese Reflexion wirkt als die äußere mit der inneren zusammen. Hegel nennt sie später auch „das Nachdenken."[101] Jene Reflexion ist das verständliche Denken und diese ist das vernünftige Denken.

Nun versuchen wir die Beschreibung von A. Sein und B. Nichts auszulegen, die vor C. Werden steht. Die Beschreibung von A. Sein fängt wie folgt an. „*Sein, reines Sein,* – ohne alle weitere Bestimmung. In seiner unbestimmten Unmittelbarkeit ist es nur sich selbst gleich auch nicht ungleich gegen Anderes, hat keine Verschiedenheit innerhalb seiner noch nach außen." Wir unterbrechen hier das Zitat. Dies beruht auf den folgenden Worten Hegels. Er sagt:

> „Indem die Wissenschaft mit dem rein Einfachen, hiermit dem Allgemeinsten und Leersten anfangen muß, ließe der Vortrag nur eben diese selbst ganz einfachen Ausdrücke des Einfachen ohne allen weitere Zusatz irgendeines Wortes zu."[102]

---

98 Ebd., S.104.

99 Ebd., S.109.

100 Ebd., S.104. Dort schreibt Hegel, dass „die äußere wie die innere Reflexion das Sein dem Nichts gleichsetzt, es für ein leeres Gedankending, für Nichts erklärt."

101 Bd.8, S.187.

102 Bd.5, S.31..

Und zugleich sagt er auch Folgendes:

> „Die einfache Unmittelbarkeit ist selbst ein Reflexionsausdruck und bezieht sich auf den Unterschied von dem Vermittelten. In ihrem wahren Ausdrucke ist daher diese einfache Unmittelbarkeit das *reine Sein.* Wie das *reine* Wissen nichts heißen soll als das Wissen als solches, ganz abstrakt, so soll auch reines Sein nichts heißen als das *Sein* überhaupt; Sein, sonst nichts, ohne alle weitere Bestimmung und Erfüllung."[103]

Wenn wir diesen Grundsatz Hegels auf seine Sätze selbst streng anwenden und die auf dieser Stufe noch bloß äußeren Refexionsausdrücke ausschließen, ergibt sich die Beschreibung wie folgt:

> „*Sein, reines Sein* – es ist *nichts* in ihm anzuschauen, wenn von Anschauen hier gesprochen werden kann; oder es ist nur dies reine, leere Anschauen selbst. Es ist ebebsowenig etwas in ihm zu denken, oder es ist ebenso nur dies leere Denken. Das Sein ... ist in der Tat *Nichts* und nicht mehr noch weniger als Nichts."

Wenn wir uns an die Worte Hegels in der „Jenaer Realphilosophie" erinnern, in denen er das Anschauen mit dem Denken gleichsetzt[104], können wir das Wort Anschauen hier durch Denken vertreten lassen.

> „*Sein, reines Sein*– das Sein ist nur das leere Denken und es ist in der Tat *Nichts* und nicht mehr noch weniger als Nichts."

Gleichfalls ergibt sich die Beschreibung von Nichts:

103 Ebd., S.68.
104 PhB., Bd.67, S.188.

„*Nichts, das reine Nichts*; das Nichts ist dasselbe leere Denken wie das reine *Sein.*"

Diese zwei Sätze können wie folgt umgeschrieben werden.

Sein (des Denkens), reines Sein (des Denkens) – das Sein des Denkens ist nur das leere Denken und es ist in der Tat *Nichts (*des *Denkens)* und nicht mehr noch weniger als Nichts (des Denkens).

Nichts (des Denkens), das reine Nichts (des Denkens); das Nichts (des Denkens) ist dasselbe leere Denken wie das reine *Sein* (des *Denkens*).

Warum steht die Beschreibung von A. Sein und B. Nichts vor der Beschreibung von C. Werden? Das können wir von den zwei Sätzen Hegels erfassen. Er schreibt in der Differenzschrift von 1801; „das Absolute ist die Nacht ... das Nichts das Erste, woraus alles Sein ... hervorgegangen ist."[105] Und in „Glauben und Wissen" von 1802; „Das Erste der Philosophie aber ist, das absolute Nichts zu erkennen."[106] Wie Hegel in der Differenzschrift sagt, ist das Nichts das Erste, aber um dieses Nichts zu erkennen, kommt das Sein des Denkens als das Erste der Philosophie (in „Glauben und Wissen"). Und danach müssen wir den folgenden Satz aus der Differenzschrift beachten. Er heißt: „Die Aufgabe der Philosophie besteht ... darin, diese Voraussetzungen zu vereinigen, das Sein in das Nichtsein – als Werden ... zu setzen."[107] Auf diese Weise ergibt sich die Reihe von A. Sein, B. Nichts und C. Werden im Anfang der Logik.

Was sagen denn die oben umgeschriebenen zwei Sätze? Sie sagen, dass das Denken einmal vergeht (verschwindet) und wieder entsteht. Dazwischen existiert das Nichts des Denkens. Hier gibt es zwei Übergänge. Wenn das Denken vergeht und in Nichts bliebe, würde der Übergang in Sein nicht entstehen. Dann würde sich die Erkenntnis selbst nicht ergeben, dass das Denken vergeht

105 Bd.2, S.25.

106 Ebd., S.410. .

107 Ebd., S.25.

und wieder entsteht. Die zwei Sätze beschreiben den Zustand des Denkens im dem Augenblick, in dem das Denken anfängt, aus dem Nichts des Denkens in das Sein des Denkens überzugehen. In diesem Augenblick ist das Denken noch das leere Denken und in der Tat Nichts des Denkens. Und das Nichts des Denkens ist dasselbe leere Denken wie das reine Sein (des Denkens).

In „der Analyse des Anfangs“[108] schildert Hegel ausführlich diesen zweiten Übergang (Rückweg, das Entstehen des Denkens aus dem Nichts des Denkens in das Sein des Denkens). In ihr ist der gerade anfangende Augenblick des zweiten Übergehens des Denkens gezeigt worden. Dagegen schildert Hegel in C. Werden die logische Struktur des ganzen Verlaufs des Übergehens.

Das Denken vergeht (das Sein des Denkens geht in das Nichts des Denkens über). „Daraus entsteht die Einheit des Seins und Nichts“, sagt Hegel.[109] Und er sagt zugleich, „für Einheit würde besser nur Ungetrenntheit und Untrennbarkeit gesagt“[110] Die Einheit des Seins des Denkens und des Nichts des Denkens heißt nach Hegel ihre Ungetrenntheit und Untrennbarkeit. Wenn das Denken, wie von dem Denken des Nichts ausgedrückt, nicht vergeht, bleibt das Denken das seiende Denken, und das Sein des Nichts steht in dem Denken des Nichts. Und so ist das Nichts zwar im Denken, aber das Nichts als solchem kommt dem Sein nicht zu. Auf diese Weise bleiben das Sein und das Nichts getrennt und trennbar. Erst wenn das Sein des Denkens vergeht und das Sein des Denkens mit dem Nichts des Denkens zusammenfällt, entsteht ihre Ungetrenntheit und Untrennbarkeit (Einheit).

Hegel schreibt: „der Begriff der Einheit des Seins und des Nichtseins – oder in reflektierterer Form, der Einheit des Unterschieden– und Nichtunterschiedenseins – oder der Identität der Identität und Nichtidentität. Dieser Begriff könnte als die erste, reinste, d.i. abstrakteste Definition des Absoluten angesehen werden.“[111] Diese drei Definitionen sind, wie Hegel später sagt,

108 Bd. 5, S. 73, S. 74.
109 Ebd., S.74.
110 Ebd., S.94.
111 Ebd., S.74.

„die entgegengesetzten Bestimmungen in einer Beziehung“ und „für das Denken vorhanden“.[112] „Das Absolute ist die Nacht“ und die Nacht ist das Nichts des Denkens (Differenzschrift). Definieren heißt durch das Denken bestimmen. Aus der Nacht (dem Absoluten) entsteht das Denken (geht das Denken in Sein über) und dieses Denken definiert (mit Hilfe des Nachdenkens) die Nacht als das Nichts des Denkens. Das ist die erste, reinste Definition des Absoluten. Er gebraucht dort den Komparativ des Adjektivs („reflektierterer“). Das zeigt, dass unter den drei Definitionen die erste Definition schon in reflektierter Form ist. Es ist noch hinzufügen, dass diese dritte Definition schon in der Differenzschrift ausgedrückt worden ist.[113]

Hegel schreibt: „Sein und Nichts sind im Anfang als *unterschieden* vorhanden.“[114] Wenn sie als unterschieden vorhanden sind, ist ihre Beziehung nicht unmittelbar, weil die Unmittelbarkeit außerhalb des Denkens ist.[115] Dann ist die Reflexion nur eine äußere Reflexion.[116] Wie entstehen denn „die entgegengesetzten Bestimmungen in einer Beziehung“? Durch das Übergehen verschwindet ihre Unterschiedenheit. Indem Sein in Nichts übergeht, mit anderen Worten, Sein und Nichts zusammentreffen, entsteht daraus die Einheit des Seins und Nichts.[117] Wie schon oben bemerkt, ist die Einheit ihre Ungetrenntheit und Untrennbarkeit und so verschwindet ihre Unterschiedenheit.[118]

Gehen wie noch einmal zum Paragraph C. Werden a. Einheit des Seins und Nichts zurück. In A. Sein und B. Nichts stellt sie Hegel als einen Zustand dar (Hegel sagt, „sie sinken von ihrer zunächst vorgestellten Selbständigkeit zu Momenten herab.“[119] „Zunächst vorgestellt“ heißt „als Zustand vorgestellt“. Als Zustand (Sein als Sein, Nichts als Nichts) werden sie zunächst als

---

112 Bd.6, S.562.
113 Bd.2, S.96.
114 Bd.5, S.73.
115 Ebd., S.106.
116 Ebd.
117 Ebd., S.74.
118 Ebd., S.84.
119 Ebd., S.112.

selbständig vorgestellt. Das Sein und das Nichts sind, wie das Perfekt ausdrückt, ein Zustand als Resultat des Übergehens und der Auflösung des Unterschieds. Darüber wird unten noch einmal erwähnt.). Und in C. (Werden) a. Einheit des Seins und Nichts stellt er dasselbe als einen Prozess dar, als das Werden (Sein in Nichts, Nichts in Sein), als die Einheit des Seins und Nichts (und in diesem Prozess verlieren sie „ihre zunächst vorgestellte Selbständigkeit“). Das Übergehen ist das Werden des Denkens.[120]

Ohne Übergehen ist kein Werden und Sein und Nichts bleiben dann unterschieden. Was dieser Paragraph meint, ist das Übergehen des Denkens (das Werden des Denkens). Im Anfang der Logik kommt das Sein (des Denkens) zuerst, das das Nichts (des Denkens) zu erkennen versucht. Es heißt dann, „es ist die dialektische immanente Natur des Seins und Nichts selbst, daß sie ihre Einheit, das Werden, als ihre Wahrheit zeigen.“[121]

„Das Werden ist das Verschwinden von Sein in Nichts und von Nichts in Sein.“[122] Sein und Nichts haben im *Werden* ihr Bestehen. „In ihm sind sie als Unterschiedene; Werden ist nur, insofern sie unterschieden sind.“[123] „Sein und Nichts sind im Werden nur als Verschwindende; aber das Werden als solches ist nur durch die Unterschiedenheit derselben“[124] Im Werden ist der Unterschied von Sein und Nichts, „aber ebensosehr *sich aufhebt* und *nicht ist.*“[125] „Sein und Nichts sind in der Einheit, aber als Verschwindende, nur als *Aufgehobene.*“[126] Das Werden ist die Einheit des Seins und Nichts. Hegel schreibt: „Das Werden, Entstehen und Vergehen, ist die Ungetrenntheit des Seins und Nichts (= die Einheit); nicht die Einheit, welche vom Sein und Nichts abstrahiert (nämlich durch die bloß äußere Reflexion), sondern als Einheit *des Seins* und *Nichts* ist es diese *bestimmte* Einheit oder [die], in

120 Ebd., S.97.
121 Ebd., S.111.
122 Ebd., S.113.
123 Ebd., S.95.
124 Ebd., S.113.
125 Ebd., S.95.
126 Ebd., S.112.

welcher sowohl Sein als Nichts *ist* (nämlich durch die äußere wie die innere Reflexion)."[127] Anderen Ortes schreibt Hegel:

> „Das Werden enthält Sein und Nichts als *zwei Einheiten*, deren jede selbst Einheit des Seins und Nichts ist; die eine das Sein als unmittelbar und als Beziehung auf das Nichts; die andere das Nichts als unmittelbar und als Beziehung auf das Sein."
> „Das Werden ist in gedoppelter Bestimmung; in der einen ist das Nichts als unmittelbar, d.h. sie ist anfangend vom Nichts, das sich auf das Sein bezieht, d.h. in dasselbe übergeht, in der anderen ist das Sein als unmittelbar, d.i. sie ist anfangend vom Sein, das in das Nichts übergeht, –*Entstehen* und *Vergehen*."[128]

Der vorige Satz („es ist die dialektische immanente Natur des Seins und Nichts selbst, dass sie ihre Einheit, das Werden, als ihre Wahrheit zeigen.") zeigt seine Dialektik darin, dass das Sein und Nichts in Wahrheit im Werden ist. Mit anderen Worten, dass er das Sein und Nichts „als Übergehen (Werden) erkennt."[129] Und wenn von der Erkenntnis des Übergehens (Werdens) die Rede ist, sinken Sein und Nichts zu Momenten des Übergehens herab (Wie schon erwähnt verlieren sie ihre Selbständigkeit). „Sie bestehen nicht für sich, sondern sind nur im Werden.[130] Weil „sie in dieser Einheit sind, aber als Verschwindende, nur als Aufgehobene (noch unterschieden, aber zugleich aufgehoben)."[131]

Hegel schreibt: „Was die Wahrheit ist, weder Sein noch das Nichts." Sie existieren in Wahrheit in dem Übergehen des Denkens. Er schreibt zugleich, (die Wahrheit ist), „dass das Sein in Nichts und das Nichts in Sein – nicht übergeht, sondern übergegangen ist." Wir müssen dieses Perfekt beachten. Schon geendetes

127 Ebd., S.111, S.112.
128 Ebd., S.112.
129 Ebd., S.96.
130 Ebd., S. 97.
131 Ebd.

Übergehen ist kein Übergehen mehr. Die schon unveränderlich gewordene Sache ist ohne Veränderung da. Woher kommt denn die Erkenntnis des Übergehens? Sie kommt aus der Erfahrung, die in der Erinnerung aufbewahrt ist.

In dem Übergehen (das Sein des Denkens in Nichts und das Nichts des Denkens in Sein) sind das Sein und das Nichts „unterschieden, aber ebenso ungetrennt und untrennbar und jedes verschwindet in seinem Gegenteil." Was zuletzt die Wahrheit ist „diese Bewegung des unmittelbaren Verschwindens des einen in dem anderen: das Werden; eine Bewegung, worin beide unterschieden sind, aber durch einen Unterschied, der sich ebenso unmittelbar aufgelöst hat." In dem letzten Satz gebraucht Hegel wieder das Perfekt. Dieses Perfekt stimmt mit dem vorhin zitierten Satz („übergegangen ist") überein. Hier gibt es die wichtigste Einsicht, dass Sein und Nichts *„absolut unterschieden"* sind, mit anderen Worten, die Absolutheit deren Unterschiedenheit. Wenn diese Einsicht fehlen würde, würde der Begriff des Übergehens und der Ausdruck des Perfekts selbst nicht zustande kommen, weil Sein in Nichts (und Nichts in Sein) schon übergegangen ist und die ins Perfekt gegangene Tatsache nur die vorliegende Tatsache zu sein scheint (in der ersten Wahrheit). Und die Erkenntnis der Tatsache, dass jedes in seinem Gegenteil verschwindet, ferner der Unmittelbarkeit dieser Tatsache und des Verschwindens selbst würde nicht zustande kommen (in der zweiten Wahrheit). Und zuletzt würde die Erkenntnis der Bewegung des Werdens und der Ausdruck des Perfekts, dass der Unterschied sich unmittelbar aufgelöst hat, nicht zustande kommen könnte (in der dritten Wahrheit).

Über das Nachdenken sagt Hegel, dass das Nachdenken das logische Denken ist. Warum und wie ist es das logische Denken?

Bei Hegel heißt beweisen in der Philosophie soviel „als aufzeigen, wie der Gegenstand durch und aus sich selbst sich zu dem macht, was er ist."[132] Nun ist den Gegenstand zu beweisen, das Denken selbst. Hegel muss zuerst zeigen, dass das Denken durch und aus sich selbst sich zu dem macht, was es ist. Das Denken (die innere Reflexion) ist im Anfang noch das leere Denken. Es ist

132 Bd.8, S.179, S.180.

unmöglich, dass das anfangende, noch leere Denken (die innere Reflexion) sich selbst als in der Bewegung des Werdens, was dasselbe ist, sich als die Bewegung des Werdens auffasst.

Es ist das Nachdenken (die äußere, wie die innere Reflexion), was diese Sache auffasst. Hegel schreibt: „Das Nachdenken, welches tiefere Bestimmungen für sie (Sein und Nichts) *findet*, ist das logische Denken, durch welches sich solche, nur nicht auf eine zufällige, sondern notwendige Weise, hervorbringen."[133] Wie bringt das Nachdenken die notwendigen Bestimmungen hervor?

Zuerst existiert das anfangende, noch leere Denken (= die innere Reflexion). Das Nachdenken denkt als die äußere Reflexion darüber. Die Vorsilbe „Nach" bedeutet „Nach" von Nachfolgen und zugleich „Nach" von Nachstreben. Die Erinnerung verbindet das Nachdenken als die äußere Reflexion mit dem Denken als der inneren Reflexion. Das Nachdenken als die äußere Reflexion das anfangende Denken (die innere Reflexion) als das Denken in der Bewegung des Werdens findet und sich als die Bewegung des Werdens auffasst.

In dieser Struktur schreitet die innere Reflexion durch die äußere Reflexion vorwärts. Dadurch, dass die innere Reflexion vorwärtsschreitet, geht die äußere Reflexion rückwärts. Hegel sagt, „dass das Vorwärtsschreiten in der Philosophie vielmehr ein Rückwärtsgehen und Begründen sei" (, weil „das Vorwärtsgehen ein Rückgang in den Grund ist.")[134] Am Ende der Logik wiederholt Hegel dieses Thema noch einmal.[135] Und wenn die innere Reflexion das Vorwärtsschreiten beendet, endet auch die Begründung durch die äußere Reflexion. Indem die Reflexion sich auf diese Weise bewegt, schildert „das Ganze der Wissenschaft einen Kreislauf in sich selbst, worin das Erste auch das Letzte und das Letzte auch das Erste wird."[136] Die äußere Reflexion stimmt so endlich mit der inneren Reflexion überein. Solche Bewegung des Denkens ist die Kernstruktur der Hegelschen Dialektik. Das Denken macht sich bei Hegel durch und aus sich selbst zu dem,

133 Ebd., S.187.
134 Bd.5, S.70.
135 Bd.6, S.554, S.570 u.a.
136 Bd.5, S.70.

was es ist. Das Nachdenken ist deshalb das logische Denken, und die Bestimmunen, die es hervorbringt, sind nicht zufällig, sondern notwendig, weil sie immanent sind.

Zum Schluss

In diesem Aufsatz habe ich versucht, eine neue Auslegung über den Anfang der Hegelschen Logik zu zeigen. Die überwiegende Menge von Einwürfen und Angriffen wurden gegen die ersten Begriffe oder Sätze der Logik, das Sein und Nichts und das Werden gerichtet („Vorrede zur zweiten Ausgabe“ 1831). Hegel starb 1831. Seitdem verliefen schon 190 Jahren. Und noch heute wiederholt man die gleichen Einwürfe und Angriffe.

Was Hegel im Anfang der Logik darstellt, ist, wie wir gezeigt haben, der Entstehungsprozess des Werdens des Denkens (der Dialektik). Viele, die die Darstellung des Anfangs der Logik ablehnen, erkennen jedoch die Dialektik Hegels an. Ist das nicht ein Widerspruch? Warum können sie die Darstellung nicht annehmen? Weil sie die Darstellung nicht verstehen können. Ich wiederhole noch einmal, was ich in diesem Aufsatz dargestellt habe. Mit einem Wort gesagt: Weil man durch die Logik des Verstandes, die diejenige der Spekulation nie erreichen kann, den Sachverhalt des Spekulativen zu verstehen versucht.

Anders ausgedrückt, kann man sagen, dass man nie imstande ist, durch das bloße Denken den Inhalt der Erfahrung zu begreifen. Die Wissenschaft ist die Sache des Denkens. Dieses Denken ist aber nicht für das bloße Wissen des Lebens, sondern für die Erkenntnis des Lebens. Man muss denken, um zu leben. Nietzsche sagt, man muss nicht als Geschäft, sondern als Handlung leben. Leben, um zu denken ist Geschäft des Denkens. Denken, um zu leben ist Handlung des Denkens.

In „Was ist Metaphysik“ sagt Heidegger, dass es für den Menschen einen Augenblick gibt, wo er sich inmitten des irgendwie im Ganzen enthüllten Seienden gestellt findet.[137] Drei Beispiele

137 Heidegger Gesammtausgabe Bd. 9, S.110.

gibt er an. In der eigentlichen, tiefen Langeweile, in der Freude an der Gegenwart des Daseins eines geliebten Menschen und zuletzt in dem Nichts der ursprünglichen Angst. Dieses Sichbefinden inmitten des Seienden im Ganzen kann man nicht durch das bloße Denken (Verstand), sondern durch die Sinnlichkeit als Erfahrung empfinden. Mit anderen Worten erreicht man diese Tatsache durch die Erfahrung. Kant sagt, „dass es zwei Stämme der menschlichen Erkenntnis gebe, die vielleicht aus einer gemeinschaftlichen, aber uns unbekannten Wurzel entspringen."[138] Sinnlichkeit, durch die uns Gegenstände gegeben, und Verstand, durch den sie gedacht werden. Was geschieht denn, wenn es dem Denken an der Erfahrung fehlt, in der das Denken als solches verschwindet und in Nichts übergeht? Dadurch, dass das Denken keine Erfahrung (=Sinnlichkeit) hat, schweift es endlos. Und wenn der Verstand eigensinnig ist, setzt er gegen die Erfahrung seine leere räsonierende Rede fort. Zudem ist der Gegenstand des Denkens dabei die Tatsache, dass das Denken selbst verschwindet. Deshalb kann das Denken schweifend nichts erreichen als die leere, blinde, räsonierende Rede.

Für das Denken ist das Verschwinden von sich selbst das größte Rätsel. In der traditionellen christlichen Weltanschauung gerät nie das Denken in Nichts,[139] weil Gott das Denken von hinten stützt (das bedeutet den Glauben an Gott). Die Seele ist unsterblich. Descartes sagt: „Unsere Seele hat eine vollständig vom Körper unabhängige Natur, und sie ist folglich überhaupt nicht dazu verdammt, mit ihm zu sterben."[140] Das Denken, das das Attribut des Geistes ist, ist zusammen mit dem Geist unsterblich. Bei ihm unterstützt seine Philosophie der Gott, der kein Schwindler ist.[141] Deshalb gibt es bei ihm kein Nichts. Wie Merleau-Ponty sagt, „Le doute, même généralisé, ne'st pas un anéantissement de ma pensée, ce n'est qu'un pseudonéant.»[142] Oder „le néant inexiste et

138 „Kritik der reinen Vernunft ", PhB., Bd. 37a, S.58.
139 Siehe Roger-Pol Droitt: Le Culte du Neant, Paris 1997.
140 „Discours de la Méthode", PhB., Bd 624, S.103. .
141 „Meditationen", PhB., Bd.598, S.97.
142 „Phénoménologie de la Perception", Gallimard 1945, S. 457.

lêtre est.“[143] Gedanken Heidegers und Hegels überschreiten die abendländische Tradition und das neuzeitliche Denken. Wie sie die Tradition und das neuzeitliche Denken überschreiten, muss man aber aufs Neue in einem anderen Aufsatz ausführen.

143 „Le visible et l’invisible“, Gallimard 1964, S.92.

Über den Anfang der Hegelschen Logik – Kritik an der Auslegung Gadamers

1

Die Darstellung des Anfangs der ‚Wissenschaft der Logik' (im folgenden ‚Logik') wurde schon zu Hegels Lebzeiten für falsch gehalten. In der Vorrede zur zweiten Ausgabe sagt Hegel, die überwiegenden Menge von Vorwürfen und Angriffen wären auf die ersten Begriffe oder Sätze der Logik, das Sein, das Nichts und das Werden, gerichtet.[144] Das hat sich auch heute nicht geändert. Es ist eine merkwürdige Tatsache, dass – obwohl die Dialektik Hegels weitgehend anerkannt ist – die Vorwürfe gegen den Anfang der ‚Logik' bis heute nicht verstummt sind. Die Vorwürfe und Angriffe auf Hegel drücken sich in der Ansicht aus, dass die Darstellung des Werdens am Anfang der ‚Logik' unverständlich sei. Diese Ansicht folgt, wie unten dargestellt, aus dem Unverständnis der Begriffe von Sein und Nichts, und zwar von dem gegenständlichen Denken (dem Verstand), das Sein und Nichts Hegels als einen Gegenstand denkt. Sein Nichts ist das *Nichts des Denkens* selbst und geht von Anfang an über das Denken (das *Denken des Nichts*) hinaus, das Nichts als einen Gegenstand denkt. Bei Hegel handelt es sich nicht um das Denken des Nichts, sondern um das Nichts des Denkens. Und daraus ergibt sich, dass wer das Nichts Hegels nicht verstehen kann, seinen Begriff „Nacht" ignoriert. Im Hegel-Lexikon von Hermann Glockner gibt es noch das Stichwort „Nacht". Aber im Register von Helmut Reinicke (Werke in zwanzig Bänden, Suhrkamp) gibt es das Stichwort nicht mehr (auch im Hegel-Lexikon von Paul Cobben nicht).

Die Vernunft Hegels tritt inmitten des Vergehens des Verstandes (im Nichts des Denkens, d. i., in der Nacht) auf. Wie unten und

144 G.W.F.Hegel Gesammelte Werke, hrsg. von d. Rheinisch-Westfälischen Akademie d. Wissenschaften, Bd.21, S.19. Unten wird das so gezeigt wie Gesammmelte Werke, Bd.21, S.19.

auch im Zusatz zum Text dargestellt, ist das Nichts bei Hegel mit der Nacht identisch. Und bei ihm heißt, das Nichts erkennen, nicht nichts zu erkennen, sondern das Nichts des Denkens (die Nacht = das Absolute) zu erkennen. Solange man Hegels Nichts als einen Gegenstand denkt, wird es ein Rätsel (ein Mystisches, wie es in *Enzyklopädie*, §82, Zusatz heißt) bleiben.

Was der Verfasser in diesem Aufsatz zeigen will, ist eine neue Auslegung, dass nämlich das Nichts bei Hegel nicht das Nichts als Gegenstand des denkenden Ich (das Nichts im Denken des Nichts), sondern das Nichts des denkenden Ich selbst (das Nichts des Denkens) ist. Viele Kritiker, die die Darstellung Hegels widersinnig finden, erkennen trotzdem die Dialektik Hegels an. Das Geheimnis der Entstehung der Dialektik Hegels verbirgt sich in der Darstellung des Werdens. Wenn die Darstellung widersinnig wäre, wäre die Dialektik Hegels nicht möglich. Beim Auslegen der Darstellung des Anfangs habe ich von Gadamer, einem repräsentativen Philosophen heute, die größte Anregung bekommen. Ich kann seiner Auslegung nicht zustimmen. Aber, dadurch, dass ich mit seiner Auslegung gerungen habe, um ihn zu kritisieren, bin ich zu meiner eigenen Ansicht gekommen.

2

Wir werden unten im Voraus die Auslegung Gadamers im Grundriss darstellen, damit man leichter begreifen kann, worum es geht. Dabei muss die Arbeit zwangsläufig kritisch werden. Nachdem diese Arbeit beendet ist, werden wir noch einmal die Kritik an seiner Auslegung ausführlicher wiederholen.

Die Dialektik der ‚Logik' macht für Gadamer die Allgemeinheit der Vernunft aus. Und dort „wird keine Bewegung des Denkens mehr erfahren". Anders gesagt, in der ‚Phänomenologie' ist die Bewegung „die Erfahrung des menschlichen Bewußtseins, wie sie sich dem beobachtenden Denker darstellt", aber „in der ‚Logik' geht es lediglich um die gedanklichen Inhalte, und gar nicht um die Bewegung des Denkens."[145] Aus dieser Perspektive fragt

145 Hans-Georg Gadamer, Hegels Dialektik, 2. Vermehrte Auflage, Tübingen 1980, S.74.

Gadamer nach dem Zustandekommen der Bewegung der Begriffe: „Woher soll in der ‚Logik' eine Bewegung der Begriffe entstehen und ein Weg durchlaufen werden."[146] „Das ist das eigentliche Problem der ‚Logik' und in Wahrheit der meistdiskutierte Punkt in dem ganzen systematischen Entwurf Hegels."[147] Er übernimmt so die Aufgabe, zu erklären, „wieso in diesem Aufbau logischer Gedanken so etwas wie Bewegung und Fortgang des logischen Gedankens überhaupt anfängt. Das wird sich an dem Anfang der ‚Logik' zeigen müssen."[148] Er sagt: „Die Frage, wie die Bewegung in die Logik kommt, wird sich von diesem Anfang aus beantworten müssen"[149]

Nun sagt Gadamer wie folgt:

> „Wenn das Sein als das unbestimmte Unmittelbare der Anfang der Logik sein soll: Mag es schon einsichtig sein, daß ein so abstraktes Sein ‚nichts ist', wie ist es einzusehen, daß von diesem Sein und Nichts der Fortgang zum Werden einsetzt? Wie kommt die Bewegung der Dialektik vom Sein her überhaupt in Gang? Auch wenn es überzeugend ist, daß man Werden nicht denken kann, ohne daß man Sein und Nichts zugleich denkt, ist es doch gar nicht überzeugend, daß man umgekehrt, wenn man Sein denkt, das Nichts ist, Werden denken muß. Hier wird ein Übergang behauptet, dem die Einsichtigkeit offenkundig fehlt, die man als dialektische Notwendigkeit anerkennt."[150]

Das Wort „nichts", das in der zweiten Zeile steht, muss ein Großbuchstabe sein, ein Druckfehler? In der ersten Auflage steht auch ein Kleinbuchstabe. Im Zitat sagt Gadamer „Auch wenn es überzeugend ist, daß man Werden nicht denken kann, ohne daß man Sein und Nichts zugleich denkt, ist es doch gar nicht

146 Ebd.
147 Ebd.
148 Ebd., S.75.
149 Ebd.
150 Ebd., S.75, S.76.

überzeugend, daß man umgekehrt, wenn man Sein denkt, das Nichts ist, Werden denken muß." Wie man leicht sehen kann, betrachtet Gadamer hier Sein, Nichts und Werden als Gegenstand.

Gadamer zitiert dann zwei Stellen aus zwei Sätzen Hegels. Erstens:[151] das Nichts „bricht" am Sein „unmittelbar hervor". Er sagt zugleich „Der Ausdruck ‚hervorbrechen' ist offenbar genau gewählt, um die Vorstellungen von Vermittlung und Übergang festzuhalten."[152] (Hegels Satz[153] „In der reinen Reflexion des Anfangs, wie er in dieser Logik mit dem Sein als solchem gemacht wird, ist der Übergang noch verborgen; weil das Sein nur als unmittelbar gesetzt ist, bricht das Nichts an ihm unmittelbar hervor.") Gadamers Zitat zweitens[154] „jenes Übergehen ist noch kein Verhältnis." (Hegels Satz[155] „Es ist unzulässig, weiters bestimmte Vermittlungen hier anzuwenden und Sein und Nichts in irgendeinem Verhältnisse zu fassen, – jenes Übergehen ist noch kein Verhältnis.")

Gadamer behauptet, der Übergang von Sein und Nichts in Werden ist kein dialektischer Übergang. Um seine Ansicht zu beweisen, entwickelt er, diese zwei Stelle Hegels zitierend, seine Auslegung. Und aus dem Satz Hegels, dass das Nichts am Sein hervorbricht, folgert er, dass „diesen Unterschied festzuhalten, dem Denken nicht gelingen kann."[156] Wir haben auch in dem Aufsatz „Über das Nichts des Denkens" diese zwei Sätze Hegels zitiert und unsere Auslegung dargestellt, die anders als diejenige Gadamers ist. Dort haben wir gesagt, dass der Unterschied für das anfangende Denken (das reine Denken oder das leere Denken) unbegreiflich ist. Der Kontext ist anders, aber trotzdem stimmt Gadamers Ansicht, „diesen Unterschied festzuhalten, kann dem Denken nicht gelingen" mit unserer Auslegung überein.

---

151 Ebd., S.76.

152 Ebd.

153 G.W.F.Hegel Werke in zwanzig Bänden, Suhrkamp Verlag 1969, Bd.5, S.104. Unten zitiert als Werke in zwanzig Bänden

154 Hans-Georg Gadamer, S.76.

155 Werke in zwanzig Bänden, Bd.5, S.109.

156 Hans-Georg Gadamer, S.76.

Anschließend sagt Gadamer: „Hier stehen wir noch am Anfang des Denkens.“ Und: „daß, solange wir bei Sein und bei Nichts als dem Unbestimmten verweilen, das Bestimmen, das Denken ist, noch nicht begonnen hat.“[157] Gadamer sagt weiter:

> „Darin liegt aber implizit, daß der Sinn des Fortgangs zum Werden nicht der der dialektischen Fortbestimmung sein kann. Wenn der Unterschied von Sein und Nichts, der Bestimmtheit des Gedankens nach, zugleich ihre volle Ununterschiedenheit ist, dann läßt sich die Frage, wie aus Sein und Nichts Werden hervorgeht, überhaupt nicht mehr sinnvoll fragen. Denn eine solche Frage schlösse ein, daß es ein Denken gäbe, das sozusagen noch nicht angefangen hätte zu denken.“[158]

Sein und Nichts sind, wie Gadamer sagt, „in dem, was sie als Gedanken für das Denken sind, so wenig Bestimmungen desselben.“[159] Er fährt fort, die Worte Hegels zitierend, dass das Sein das leere Anschauen bzw. das leere Denken selbst sei und genau so das Nichts:

> „‚Leer‘ heißt nicht, daß etwas nicht ist, sondern daß da etwas ist, das das nicht enthält, was da eigentlich sein sollte, etwas, dem das, was es sein kann, abgeht. Das leere Denken ist also ein Denken, das noch gar nicht das ist, was Denken ist.“[160]

Gadamer sagt, „es gäbe ein Denken, das sozusagen noch nicht angefangen hätte zu denken.“ Er sollte diesen Satz nicht mit irrealem Konjunktiv, sondern mit Indikativ ausdrücken. Er behauptet, dass es ein solches Denken nicht geben kann, das noch gar nicht das ist, was Denken ist. Er denkt, das sei widersinnig. Aber diese Figur gibt es in der Tat bei Hegel. Das ist das

157 Ebd.
158 Ebd., S.77.
159 Ebd.
160 Ebd.

reine Denken Hegels. Das reine Denken (das leere Denken bei Gadamer) ist das anfängliche Denken, das gerade von Nichts in Sein übergeht (vor dem Übergehen gibt es noch das Nichts des Denkens) und deshalb leer ist und noch gar nicht das ist, was Denken ist. Um diesen Sachverhalt auszudrücken, haben wir im Aufsatz „Über das Nichts des Denkens“ diesen passenden Ausdruck Gadamers „das leere Denken ist ein Denken, das noch gar nicht das ist, was Denken ist “ entleihend gebraucht. Wir erkennen an, dass es das leere Denken gibt, das noch gar nicht das ist, was Denken ist. Gadamer verneint das leere Denken, aber man kann sagen, dass er sich Hegel in diesem Verneinen am meisten nährt.

Hegel hat die Erfahrung, wie wir im Aufsatz „Über das Nichts des Denkens“ dargestellt haben, dass sein Denken vergangen ist und wieder entstanden ist. Diese Erfahrung drückt er logisch so aus, dass das Sein des Denkens in Nichts (des Denkens) übergeht und das Nichts (des Denkens) in Sein des Denkens übergeht.[161] Aber Gadamer behauptet, dass der Satz Hegels „Sein geht in Nichts über und Nichts geht in Sein über “„eine ganz unhaltbare Ausdrucksweise “[162] sei. Er sagt auch, wenn man Hegel genau liest, „dann sieht man, daß er auch nichts von einem solchen Übergang sagt.“[163] Ein solcher Übergang tritt in den Anmerkungen Hegels häufig auf, aber im Text, wie Gadamer sagt, nur einmal; „Was die Wahrheit ist, ist weder das Sein noch das Nichts, sondern daß das Sein in Nichts und das Nichts in Sein – nicht übergeht, sondern übergegangen ist.“ Hegel verneint hier zweifellos, dass das Sein in Nichts und das Nichts in Sein übergeht. Dazu sagt Gadamer über diesen Satz Hegels: „Ein Übergang also, der immer schon gewesen ist: Dieser Übergang ist immer ‚perfekt‘.“ Deshalb denkt Gadamer, dass „worin Sein und Nichts allein sind, ist das Übergehen selbst, das Werden.“[164]

Aber Gadamer vergisst dabei, dass ehe der Übergang ‚perfekt‘ wird, mit anderen Worten, damit der Übergang als ‚perfekt‘

161 Werke in zwanzig Bänden, S.112.
162 Hans-Georg Gadamer, S.77.
163 Ebd.
164 Ebd.

zustande kommt, es die Tatsache geben muss, dass das Sein in Nichts und das Nichts in Sein übergeht. Warum dann Hegel den Übergang als Präsens hier verneint? Die Antwort auf diese Frage gibt Hegel im oben schon zitierten Satz. „In der reinen Reflexion des Anfangs, wie er in dieser Logik mit dem *Sein* als solchem gemacht wird, ist der Übergang noch verborgen; weil das *Sein* nur als unmittelbar gesetzt ist, bricht das *Nichts* an ihm unmittelbar hervor." Deshalb sagt Hegel: „Es ist unzulässig, weiters bestimmte Vermittlungen hier anzuwenden und Sein und Nichts in irgendeinem Verhältnis zu fassen, – jenes Übergehen ist noch kein Verhältnis." Deshalb kann man hier nicht sagen, dass das Sein in Nichts und das Nichts in Sein übergeht (Präsens). Der Übergang ist schon gewesen (Perfekt).

Anders ausgedrückt, im Übergang vergeht das Denken plötzlich und entsteht wieder plötzlich. So sagt Hegel auch, dass das Verschwinden des einen in dem anderen unmittelbar ist.[165] Der Übergang ist also absolut und deshalb kann das anfangende Denken den Sachverhalt (= den Übergang selbst) nicht begreifen. Der Satz Hegels „Was die Wahrheit ist, ist weder das Sein noch das Nichts, sondern daß das Sein in Nichts und das Nichts in Sein – nicht übergeht, sondern übergegangen ist" sagt einen solchen Sachverhalt aus. Und es ist „die äußere Reflexion" von „der äußeren wie der inneren Reflexion" (= das Nachdenken), die ihn begreift und ausdrückt.

Gadamer erkennt den Übergang nicht an, dass das Sein in Nichts und das Nichts in Sein übergeht. Daraus folgernd behauptet er: „Sein und Nichts sind also eher als analytische Momente im Begriff des Werdens zu behandeln."[166] Hegel sagt zwar: „Sie sinken von ihrer zunächst vorgestellten *Selbständigkeit* zu *Momenten* herab."[167], aber wie man hier leicht bemerken kann, sagt er, dass sie (Sein und Nichts) zunächst einmal als selbständig vorgestellt werden und danach zu Momenten herabsinken. Aber bei Gadamer ist die Richtung umgekehrt. Bei ihm ist das Werden zuerst und

165 Werke in zwanzig Bänden, Bd.5, S.83.
166 Hans-Georg Gadamer, S.77.
167 Werke in zwanzig Bänden, Bd.5, S.112.

aus dem Begriff des Werdens gehen sie (Sein und Nichts) „als analytische Momente“ hervor.

Gadamer sagt, dass Sein und Nichts eigentlich ununterscheidbar sind und „im Denken der Bestimmung des Werdens als Übergehens tritt diese Differenz an ihm hervor.“.[168] Hegel sagt anschließend an den oben zitierten Satz „Was die Wahrheit ist, ist weder das Sein noch das Nichts, sondern daß das Sein in Nichts und das Nichts in Sein – nicht übergeht, sondern übergegangen ist“: „Aber ebensosehr ist die Wahrheit nicht ihre Ununterschiedenheit, sondern daß *sie nicht dasselbe,* daß *sie absolut* unterschieden aber ebenso ungetrennt und untrennbar sind und unmittelbar *jedes in seinem Gegenteil verschwindet.*“[169] Wie Hegel sagt, gibt es hier einen Unterschied, aber „der Unterschied hat sich unmittelbar aufgelöst.“[170] Wenn Gadamer sagt, dass Sein und Nichts eigentlich ununterscheidbar sind und „erst im reinen und vollen Inhalt des Begriffs ‚Werden‘ selbst unterschieden“[171], kann es sein, dass er denkt, dass dadurch, dass jedes unmittelbar *in seinem Gegenteil verschwindet*“ und „der Unterschied hat sich unmittelbar aufgelöst, der Unterschied selbst verschwindet. Hier kann man sehen, dass Gadamer den Satz Hegels, dass „*sie nicht dasselbe,* daß *sie absolut unterschieden* sind“, nicht verstehen konnte.

Zum Schluss sagt Gadamer: „In das Sein kommt nicht die Bewegung“, deshalb „ist die Frage nicht zu stellen, wie die Bewegung in das Sein kommt.“[172] Gadamer hat am Beginn seiner Auslegung eine Frage gestellt, „woher soll in der ‚Logik‘, dort wo es lediglich um die gedanklichen Inhalte, und gar nicht um die Bewegung des Denkens geht, eine Bewegung entstehen? “ Aus seiner Auslegung schließt er, dass „die Bewegung nicht in das Sein kommt.“ Schon am Beginn seiner Auslegung sagt er, dass es in der ‚Logik‘ gar nicht um die Bewegung des Denkens gehe. Wir denken, dass sein

168 Hans-Georg Gadamer, S.78
169 Werke in zwanzig Bänden, Bd.5, S.83.
170 Ebd.
171 Hans-Georg Gadamer, S.77.
172 Ebd., S.78.

Schluss aus seiner Voraussetzung notwendigerweise hervorgeht. Das wird aber später noch einmal ausgeführt.

Gadamer sagt „In der ‚Logik' geht es gar nicht um die Bewegung des Denkens" und auch: „In das Sein kommt nicht die Bewegung." Trotzdem erwähnt er die Bewegung des Denkens: „Sie (Sein und Nichts) kommen nur in der Bewegung des Denkens überhaupt vor."[173] Wir müssen fragen, was für eine Bewegung des Denkens das ist. Das Sein ist für Gadamer das leere Sein und „es darf nicht wie Seiendes verstanden werden, das außerhalb des Denkens schon da ist, sondern als der reine Gedanke, bei dem hier nichts vorzustellen ist als es selbst."[174] Und anschließend bemerkt er: „Sie (Sein und Nichts) kommen nur in der Bewegung des Denkens überhaupt vor." Er sagt nämlich, dass das Sein in der Bewegung des Denkens überhaupt vorkommt. Gadamer, der verneint, dass die Bewegung in das Sein kommt, bejaht, dass das Sein in der Bewegung des Denkens vorkommt.

Er sagt ferner: „Wer fragt: wie kommt das Sein in Bewegung, sollte sich eingestehen, daß er damit von der Bewegung des Denkens, in der er sich so fragend befindet, abstrahiert."[175] Die Bewegung des Denkens ist bei Gadamer eine solche Bewegung des Denkens. Deshalb sagt Gadamer: „Im Sein wie im Nichts ist gewiß nichts Bestimmtes gedacht. Was da ist, ist leeres Anschauen oder Denken … Aber wenn auch nichts anderes als ein leeres Anschauen oder Denken da ist, ist in Wahrheit die Bewegung des Sichbestimmens, also das Werden da."[176] In dieser Weise verändert sich der Inhalt seines Denkens. Und diese Veränderung nennt er die Bewegung des Denkens.

Das Sein Hegels ist ganz anders als dasjenige Gadamers. Die Bewegung kommt bei Hegel in das Sein. Wie kommt sie in das Sein? Wie im Aufsatz „Über das Nichts des Denkens" ausführlich dargestellt, hat er die Erfahrung, dass sein Denken einmal vergangen und wieder entstanden ist. Logisch gesagt, dass das

173 Ebd.
174 Ebd.
175 Ebd., S.79.
176 Ebd.

Denken einmal vergeht, heißt, dass das Sein des Denkens einmal in Nichts des Denkens übergeht, und dass das Denken wieder ersteht, heißt, dass das Nichts des Denkens wieder in Sein des Denkens übergeht. Im Übergang ist das Denken dem Sein (und dem Nichts) begegnet. Anders gesagt, dadurch, dass das Denken einmal in Nichts übergeht und wieder von Nichts in Sein übergeht, entsteht die Identität des Seins und des Nichts.[177] Das Sein Hegels ist das Sein des Denkens, weil das Sein und das Denken bei Hegel, anders als bei Gadamer, identisch sind. Das Denken ist einmal vergangen. Indem das Denken wieder entsteht, fängt das Denken an. Das anfangende Denken ist das reine Denken als das reine Sein. Das ist das leere Denken, das noch gar nicht das ist, was Denken ist (Gadamer). Dass die Bewegung in das Sein kommt, bedeutet also bei Hegel, dass die Bewegung diejenige des Denkens selbst ist.

In diesem Sinne besagen die Worte Gadamers: „In das Sein kommt nicht die Bewegung", dass er die Erfahrung des Vergehens des Denkens nicht hat und deshalb Sein und Denken bei ihm getrennt sind[178] und sein Denken also außerhalb des Seins bleiben muss. Nebenbei bemerkt, diese Worte Gadamers drücken seine Aufrichtigkeit aus, weil er sagt, dass die Bewegung für sein Denken nicht in das Sein kommt. Seine Aussage stimmt nämlich mit seinem Denken überein. Dagegen ist das bei Trendelenburg anders. Er sagt kurz nach dem Tode Hegels: Das Denken Hegels „schiebt die Bewegung stillschweigend unter, um Sein und Nicht-Sein in den Fluß des Werdens zu bringen."[179] Bei ihm sind auch Sein und Denken getrennt. Deshalb gebraucht er diese Worte. Es ist nicht Hegel, sondern Trendelenburg, der, „um Sein und Nicht-Sein in den Fluß des Werdens zu bringen", die Bewegung unterschiebt. Trendelenburg fehlt es am Bewusstsein seines Denkens selbst.

---

177 Ebd., Bd.5, S.83.

178 Vgl. Hegels Worte: „sie (das Sein und das Nichts) sind ungetrennt und untrennbar". Werke in zwanzig Bänden, Bd.5, S.83.

179 A. Trendelenburg, Logische Untersuchungen, 3. vermehrte Auflage, Leipzig 1870. Bd.1, S. 38.

Nun bemerkt Hegel auf verschiedene Weise die Identität von Sein und Denken, „der Anfang der Logik, des Denkens für sich“[180], „der Anfang, als des Denkens“[181] und „Was das *Prius* für das Denken ist, (soll) auch das *Erste* im *Gang* des Denkens sein.“[182] Wie schon bemerkt, Hegel sagt, dass das Sein als der Anfang der Logik der Anfang des Denkens als solches ist.

In *Enzyklopädie* schreibt Hegel: „Wir haben, wenn angefangen wird zu denken, nichts als den Gedanken in seiner reinen Bestimmungslosigkeit.“[183] Bevor angefangen wird zu denken, gibt es nur noch das Nichts des Denkens. Das Denken fängt im Übergang vom Nichts (des Denkens) in Sein (des Denkens) an. Wie Hegel sagt, in dem Augenblick, wo angefangen wird zu denken, sind das reine Denken als das reine Sein (das reine Nichts) und der reine Gedanke (der Gedanke in seiner reinen Bestimmungslosigkeit). Es ist die äußere Reflexion (von der äußeren wie der inneren Reflexion), die diesen Sachverhalt von dem anfangenden reinen Denken (=der inneren Reflexion) als das reine Sein (das reine Nichts) und als den reinen Gedanken (den Gedanken in seiner reinen Bestimmungslosigkeit) auffasst. Für dieses Denken, das Gadamer das leere Denken nennt, das noch gar nicht das ist, was Denken ist, ist die Tatsache des Übergangs, dass das Nichts (des Denkens) in Sein (des Denkens) übergegangen ist (nicht Präsens, sondern Perfekt) und der Unterschied des Seins und des Nichts hat sich unmittelbar aufgelöst (perfekt). Die äußere Reflexion begreift diesen Übergang und den Unterschied aber nicht als Perfekt, sondern als Präsens. Aus dieser Erkenntnis entsteht diejenige der Bewegung des Werdens als Wahrheit. Und dann „sinken sie (Sein und Nichts) von ihrer zunächst vorgestellten *Selbständigkeit* zu *Momenten* herab, *noch unterschieden*, aber zugleich aufgehoben.“[184] Indem die äußere Reflexion (von der äußeren wie der inneren Reflexion) diesen Sachverhalt begreift, wird

180 Werke in zwanzig Bänden, Bd.5, S.68.
181 Ebd., S.73.
182 Ebd., S.66.
183 Ebd., Bd.8, S.184.
184 Ebd., Bd.5, S.112.

der Begriff des Werdens „der erste konkrete Gedanke und damit der erste Begriff, wohingegen Sein und Nichts leere Abstraktionen sind.“[185] Also ist die Wahrheit weder Sein noch Nichts, sondern Werden. Die Struktur des Anfangs der Logik (A. Sein, B. Nichts, C. Werden von Erstem Kapitel: Sein) ist auf diese Weise zustande gekommen. Hegel sagt:

> „Der Satz >*Sein und Nichts ist dasselbe*< erscheint für die *Vorstellung* oder Verstand als ein so paradoxer Satz, daß sie ihn vielleicht nicht für ernstlich gemeint hält. In der Tat ist er auch von dem Härtesten, was das Denken sich zumutet, denn Sein und Nichts sind der Gegensatz in seiner ganzen *Unmittelbarkeit*, d.h. ohne daß in dem einen schon eine Bestimmung *gesetzt* wäre, welche dessen Beziehung auf das andere enthielte.“[186]

Wie schon im Aufsatz „Über das Nichts des Denkens“ bemerkt, sagt Heidegger: „Es ist der härteste, aber auch untrüglichste Probierstein auf die denkerische Echtheit und Kraft eines Philosophen, ob er sogleich und von Grund aus im Sein des Seienden die Nähe des Nichts erfährt“. Heidegger sagt nämlich, dass Nichts ist (Nichts = Sein). Und Hegel sagt, dass Sein und Nichts dasselbe ist (Sein = Nichts). Beide Aussagen sind identisch. Wie Hegel sagt, erscheint der Satz >*Sein und Nichts ist dasselbe* < für den *vorstellenden* Verstand als ein so paradoxer Satz, weil er nicht mit der spekulativen -Logik, sondern mit der bloßen Verstandes-Logik[187] denkt, dass Sein Sein ist (Sein = Sein) und Sein nicht Nichts ist (Sein≠Nichts). Der vorstellende Verstand kann diesen Sachverhalt nicht begreifen, weil der Gegensatz von Sein und Nichts, wie Hegel sagt, ganz unmittelbar, mit anderen Worten, „ohne daß in dem einen schon eine Bestimmung *gesetzt* wäre, welche dessen Beziehung auf das andere enthielte“. Dagegen kann das spekulative Denken den Gegensatz von Sein und Nichts unmittelbar

185 Ebd., Bd.8, S.192.
186 Ebd., S.188.
187 Ebd., S.177.

überschreiten, indem es den Übergang von Sein des Denkens in Nichts des Denkens und von Nichts des Denkens in Sein des Denkens kennt, weil es diesen Gegensatz, sozusagen, schon einmal unmittelbar überschritten hat.

3

Nun zitieren wir die etwas langen Sätze Gadamers noch einmal, um die Kritik an seiner Auslegung ausführlicher zu wiederholen.

> „Wenn nun das Sein als das unbestimmte Unmittelbare der Anfang der Logik sein soll: Mag es schon einsichtig sein, daß ein so abstraktes Sein „nichts ist", wie ist es einzusehen, daß von diesem Sein und Nichts her der Fortgang zum Werden einsetzt? Wie kommt die Bewegung der Dialektik vom Sein her überhaupt in Gang? Auch wenn es überzeugend ist, daß man Werden nicht denken kann, ohne daß man Sein und Nichts zugleich denkt, ist es doch gar nicht überzeugend, daß man umgekehrt, wenn man Sein denkt, das Nichts ist, Werden denken muß. Hier wird ein Übergang behauptet, dem die Einsichtigkeit offenkundig fehlt, die man als dialektische Notwendigkeit anerkennt."[188]

Von dieser Fragestellung ausgehend, denkt er, Sein und Nichts seien als analytische Momente im Begriff des Werdens zu behandeln[189] und gelangt zu dem Schluss, nicht von dem vorgegebenen Unterschied von Sein und Nichts bestimme sich das Werden als Entstehen und Vergehen, sondern im Denken der Bestimmung des Werdens als Übergehen trete diese Differenz an ihm hervor ... In das Sein komme nicht die Bewegung.[190]

Worauf die Darstellung Gadamers zielt, ist das Denken des Nichts (das Denken des Seins). Er fragt, wie die Bewegung der Dialektik vom Sein her überhaupt in Gang kommt. Er denkt, dass es gar nicht überzeugend ist, dass man, wenn man Sein denkt,

188 Hans-Georg Gadamer, S.75, S.76.
189 Ebd., S.77.
190 Ebd., S. 78.

das Nichts ist, Werden denken muss. Und dass hier ein Übergang behauptet wird, dem die Einsichtigkeit offenkundig fehlt, die man als dialektische Notwendigkeit anerkennen kann. Er sagt, wenn man Sein und Nichts zugleich denkt, Werden denken kann, aber indem man umgekehrt Sein denkt, das Nichts ist, Werden nicht denken kann.

Betrifft diese Kritik das Denken Hegels? Oder vielmehr, betrifft sie nicht das Denken Gadamers selbst? Bei Hegel ist das Sein, anders als bei Gadamer, als das Sein des Denkens in der Bewegung. Hegel hat die Erfahrung, dass das Sein des Denkens in Nichts des Denkens übergeht (= das Denken einmal verschwindet) und das Nichts des Denkens in Sein des Denkens übergeht (= das Denken wieder entsteht). Bei Hegel sind Sein und Nichts ungetrennt und untrennbar und unmittelbar *verschwindet jedes in seinem Gegenteil.*[191] Bei ihm ist Sein und Nichts dasselbe.[192] Ausführlicher gesagt, Sein des Denkens und Nichts des Denkens ist dasselbe (identisch). Beim Verschwinden des Denkens und Entstehen des Denkens geschieht das jedes Mal.

Bei Gadamer aber ist Denken das Denken des Nichts (bei Hegel dagegen geschieht das Nichts des Denkens). Bei Gadamer sind nämlich Sein und Nichts getrennt und nicht identisch. Also, bei ihm ist es unmöglich, dass das Denken in das Sein kommt, weil das Denken und das Sein getrennt sind, anders gesagt, das Denken außerhalb des Seins ist. Hegel sagt, das Denken des Nichts sei sein Umschlagen in Sein.[193] Im Denken des Nichts hat sich das Nichts in ein Seiendes verwandelt und nicht mehr das Nichts als solches. Von dem Denken des Nichts spricht Hegel auch auf

---

191 Werke in zwanzig Bänden, Bd.5, S.83.

192 Ebd., Bd.8, S.188.

193 Gesammelte Werke, Bd.4, S.16. Heidegger sagt in seiner Weise dasselbe: „Wir versuchen, nach dem Nichts zu fragen. Was ist Nichts? In diesem Fragen setzen wir im vornhinein das Nichts als etwas an, das so und so >ist< – als ein Seiendes. Davon ist es aber doch gerade schlechthin unterschieden. Das Fragen nach dem Nichts – was und wie es, das Nichts, sei – verkehrt das Befragte in sein Gegenteil. Die Frage beraubt sich selbst ihres eigenen Gegenstandes.“ (M. Heidegger Gesamtausgabe, Vittorio Klostermann, Bd,9, S.107.)

folgende Weise: „Das Nichts wird gedacht, vorgestellt, es wird von ihm gesprochen, *es ist* also; das Nichts habe an dem Denken, Vorstellen, Sprechen usf. sein Sein. Dies Sein ist aber ferner auch von ihm unterschieden; es wird daher gesagt, daß das Nichts zwar im Denken, Vorstellen ist, aber daß darum nicht *es* ist, nicht ihm als solchem das Sein zukomme, daß nur Denken oder Vorstellen dieses Sein ist".[194]

Gadamers Denken ist das Denken des Nichts (das Denken vom Nichts), anders gesagt, das gegenständliche Denken des Nichts. Hegels Nichts ist, wie im Zusatz erwähnt, das Nichts des Denkens, nämlich die Vernichtung des Denkens selbst. Daher überschreitet Hegels Nichts das Denken und ist von dem Denken absolut nicht erreichbar. Denn, wenn das Nichts existiert, existiert kein Denken, und wenn das Denken existiert, existiert kein Nichts (deshalb nennt Hegel sein Nichts das absolute Nichts). Wie hat Hegel dann das Nichts erreichen können, das vom Denken absolut nicht erreichbar ist? Das Nichts ist, wie im Zusatz erwähnt, als das Nichts des Denkens (durch das Verschwinden des Denkens) erfahren.

Wie Hegel sagt, ist das menschliche Denken mit der Sprache untrennbar verbunden.[195] Wenn das Denken etwas aussagt, wird der Inhalt der Aussage sein Selbstausdruck. Wenn der Inhalt das Resultat der Spekulation ist und über den Verstand geht, dann wird er für den Verstand widersinnig.[196] Die Sätze: „Es ist Nichts und „Es ist nichts" sind ganz verschieden. Jener ist die Aussage des Denkens, das das Nichts des Denkens erfahren hat, und dieser ist die des Denkens, das das Nichts des Denkens nicht erfährt und nur das Denken des Nichts kennt. Der Satz „Es ist Nichts" (Nichts = Sein), der die Aussage jenes Denkens ist, wird von diesem Denken, das Nichts = Sein für widersinnig hält, als den Satz „Es ist nichts" (Nichts ≠ Sein, Nichts = Nichts) aufgenommen.

Für das Denken, das „Es ist Nichts" (Nichts = Sein) aussagt, bedeutet dieses Ist (Sein) Folgendes. Erinnern wir uns noch einmal an das Wort Hegels, das Denken des Nichts sei sein Umschlagen

194 Ebd., Bd.21, S.88.
195 Ebd., S.10.
196 Ebd., S.11.

in Sein. Dieses Wort drückt diesmal einen anderen Inhalt aus. Ersetzen wir das Wort Nichts durch das Nichts des Denkens, weil das Nichts das Nichts des Denkens ist. Daraus ergibt sich der folgende Ausdruck: das Denken des Nichts des Denkens sei sein Umschlagen in Sein. Das „Sein", nämlich „das Sein des Denkens", in das das Nichts des Denkens umgeschlagen ist, bedeutet das „Sein" in dem Denken, das „Es ist Nichts (Nichts = Sein) aussagt. Dieses „Sein" ist das „Sein", das den Anfang der Logik ausmacht. Vor dem Anfang existiert kein Denken. Davon spricht Hegel auf verschiedene Weise. (Siehe weiter unten). Gadamer sagt, in das Sein komme nicht die Bewegung. Damit drückt er nur aus, dass sein Denken das Denken des Nichts (nämlich der Verstand) ist.

Wenn das Nichts existiert, existiert kein Denken. Und wenn das Denken existiert, existiert kein Nichts. Deshalb ist das Denken vom Nichts prinzipiell unmöglich. Das Nichts existiert nicht als ein Gegenstand des Denkens. Ergibt sich daraus dann, dass man das Nichts nicht denken kann? Hegels Denken am Anfang der Logik ist das Denken vom Nichts des Denkens. Am Anfang ist das Denken aus dem Nichts entstanden. Aber für dieses gerade neu entstandene Denken selbst ist es noch nicht möglich, sein Sein zu denken. In der Anmerkung 3 der Logik gibt es eine Stelle, an der Hegel sagt, die Unbestimmtheit (des Seins) sei der Bestimmtheit entgegengesetzt, und als Entgegengesetztes selbst das Bestimmte oder Negative, und zwar das reine, ganz abstrakt Negative. Dort erwähnt er, warum das Sein am Anfang mit dem Nichts identisch ist.

> „Diese Unbestimmtheit oder abstrakte Negation, welche so das Sein an ihm selbst hat, ist es, was die äußere wie die innere Reflexion ausspricht, indem sie es dem Nichts gleichsetzt, es für ein leeres Gedankending, für Nichts erklärt. – Oder, so kann man sich ausdrücken, weil das Sein das Bestimmungslose ist, ist es nicht die (affirmative) Bestimmtheit, die es ist, nicht Sein, sondern Nichts."[197]

197 Ebd., S.86.

„Die äußere wie die innere Reflexion", die im Zitat erwähnt ist, ist das Nachdenken. In der *Enzyklopädie* sagt Hegel, „Das Nachdenken, welches tiefere Bestimmungen für sie (das Sein und das Nichts) findet, ist das logische Denken, durch welches sich solche, nur nicht auf eine zufällige, sondern notwendige Weise, hervorbringen."[198] Das Nachdenken denkt als die äußere Reflexion über das Denken als die innere Reflexion nach, das gerade im Nichts entstanden ist. Deshalb besitzt bei Hegel die Erinnerung eine wesentlich wichtige Position. Sie verbindet die äußere Reflexion und die innere Reflexion. Ohne sie könnte das Nachdenken nicht bestehen.

Und anschließend an die oben zitierten Sätze sagt Hegel:

> „In der reinen Reflexion des Anfangs, wie er in dieser Logik mit dem Sein als solchem gemacht wird, ist der Übergang noch verborgen; weil das Sein nur als unmittelbar gesetzt ist, bricht das Nichts an ihm nur unmittelbar hervor."[199]

„Die reine Reflexion des Anfangs" im Zitat zeigt auf die innere Reflexion des anfangenden Denkens und Hege sagt, sie sei das Sein als solches. Für diese reine Reflexion (die innere Reflexion) ist „der Übergang noch verborgen". Denn diese Reflexion ist doch nur die reine, leere Reflexion und kann seinen Sachverhalt selbst nicht begreifen. Daher bricht für sie das Nichts auch an ihm unmittelbar hervor. Wichtig ist hierbei, dass diese Einsicht und Darstellung durch das Nachdenken als die äußere wie die innere Reflexion ermöglicht und durch die reine (nämlich die innere) Reflexion nicht vollzogen wird. Das Nachdenken wird später noch näher erklärt. Aber hier kann man schon sagen, beim Betrachten des Anfangs der Logik kann man die Wahrheit einer Sache durch das nur einfache Denken nicht begreifen, weil Hegels Denken auf doppelte Weise tätig ist.

Die für die Logik prinzipiell wichtigste Idee, dass der Anfang der Logik der Anfang des Denkens selbst ist, war kaum zu verstehen.

198 Ebd., Bd. 20, S.124.

199 Ebd., Bd.21, S.86.

So hat Hegel in der zweiten Auflage mehrere neue Erklärungen hinzugefügt. Zum Beispiel gibt es den Ausdruck „der Anfang als des Denkens".[200] Dieses Wort besagt, dass der Anfang der Logik (das Sein) der Anfang des Denkens ist. Auch ist der Ausdruck „der Anfang der Logik, des Denkens für sich"[201] ist dasselbe. Und noch eine Stelle: „Das, was das *Prius* für das Denken ist, soll auch das *Erste* im Gange des Denkens sein."[202] Dies besagt nichts anderes als die Tatsache, dass das Prius für das Denken, nämlich das Sein, das Erste im Gang des Denkens, nämlich das Sein des Denkens selbst ist. Bei Hegel bedeutet der Anfang den Anfang des Denkens. Schon in *Glauben und Wissen* sagt Hegel, das Erste der Philosophie sei, das absolute Nichts zu erkennen.[203] Die Erfahrung des Nichts existiert im voraus. Aber wenn von der Erkenntnis die Rede ist, kommt das Sein des Denkens zuerst, das das Nichts erkennt. In *Glauben und Wissen* sagt Hegel, das Sein sei nicht außer dem Denken, sondern beide (nämlich das Sein und das Denken) seien eins. Und er nennt diesen Gedanken „die positive Idee".[204]

4

Wie schon bemerkt, sagt Gadamer, die Bewegung komme nicht in das Sein. Seine Aussage äußert nur, dass sein Denken das Denken von Sein und Nichts ist, und mit dem Sein nicht eins ist. Der Anfang der Logik ist nichts anderes als die Entwicklung der positiven Idee, dass das Sein und das Denken eins seien. Deshalb macht das Sein des Anfangs „Grund der ganzen Wissenschaft"[205] aus, der „allem Folgenden zugrunde liegen bleibt und nicht daraus verschwindet".[206]

In der *Enzyklopädie* schreibt Hegel, wir hätten, wenn angefangen werde zu denken, nichts als den Gedanken in seiner reinen

200 Ebd., S.60.
201 Ebd., S.56.
202 Ebd., S. 54.
203 Ebd., Bd.4, S.398.
204 Ebd., S.413.
205 Ebd., Bd.21, S.56.
206 Ebd., S.58.

Bestimmungslosigkeit.[207] Am Anfang des Denkens entspricht der Gedanke noch der reinen Bestimmungslosigkeit. In dessen Inhalt existiert gar kein Bestimmtes, sagt Hegel. Darum existiert dort nur der reine Gedanke, nämlich, das reine leere Denken. Dies ist das Sein, das den Anfang ausmacht. Bevor angefangen wird zu denken, existiert kein Denken. Am Anfang soll es keine Voraussetzung geben und vor dem Anfang gibt es das Nichts. Und bei Hegel sind das Denken und das Sein eins, der Anfang des Denkens ist der Anfang des Seins. Zuerst gibt es „das absolute Nichts". Und das Denken, das es erkennt, macht als das Sein den Anfang aus. Dass der Anfang der Logik das Sein ist, besagt, dass die Logik mit dem Sein des Denkens anfängt.

Nach Hegel ist die Logik die Wissenschaft des Denkens, die Wissenschaft der reinen Idee, das ist, der Idee im abstrakten Element des Denkens.[208] Die Idee ist das Denken nicht als formales, sondern als die sich entwickelnde Totalität seiner eigentümlichen Bestimmungen und Gesetze, die es sich selbst gibt, nicht schon hat und in sich vorfindet.[209] Dagegen sind die übrigen Wissenschaften nur eine besondere Ausdrucksweise der Formen des reinen Denkens.[210]

Bei Hegel gibt sich das Denken selbst Totalität, nämlich die sich entwickelnde Totalität seiner eigentümlichen Bestimmungen und Gesetze. Dies ist Hegels Logik, die Wissenschaft des Denkens, nämlich die Wissenschaft der Bestimmungen und Gesetze des Denkens. Hier müssen wir uns an Hegels Definition des Denkens erinnern, die wir im Zusatz zitiert haben. Dort sagt Hegel, das Denken mache die Substanz der äußerlichen Dinge aus und sei auch die allgemeine Substanz des Geistigen ... Das Denken, das wir als das wahrhaft Allgemeine alles Natürlichen und auch alles Geistigen betrachten, greife über alles dieses über und sei die Grundlage von allem.[211] Diese Totalität existiert bei dem Absoluten der Nacht, in die alle äußerlichen Dinge und alles

207 Werke in zwanzig Bänden, Bd.8, S.184.
208 Gesammelte Werke Bd.20, S.61.
209 Ebd.
210 Werke in zwanzig Bänden, Bd.8, S.84.
211 Ebd., S.82.

endlich Geistige, das der Verstand produziert hat, zurückgegangen sind. In der Nacht ist das Denken vernichtet und existiert bei dem Absoluten (dem Nichts des Denkens). Mit dem Denken (= dem Sein) des Nichts des Denkens fängt die Logik an.

Im Abschnitt „Womit muß der Anfang der Wissenschaft gemacht werden?" gibt es die Paragraphen der Analyse des Anfangs. Dort versucht Hegel, auf allgemeine Weise den Anfang zu analysieren. Er sagt, der Anfang enthalte ... Sein und Nichts; sei die Einheit von Sein und Nichts ... Ferner: Sein und Nichts seien im Anfang als unterschieden vorhanden ... Die Entgegengesetzten, Sein und Nichtsein, seien in ihm in unmittelbarer Vereinigung; oder er sei ihre ununterschiedene Einheit.[212]

Und anschließend redet er über den Begriff der Einheit des Seins und Nichtseins. Diese sei, in reflektierterer Form, die Einheit des Unterschieden- und des Nichtunterschiedenseins – oder der Identität der Identität und Nichtidentität. Dieser Begriff sei die erste, reinste, d. i. abstrakteste Definition des Absoluten. Alle weiteren Bestimmungen und Entwicklungen seien nur bestimmtere und reichere Definitionen dieses Absoluten.[213] Die Natur und ein endlicher Geist, die von dem Absoluten erschaffen wurden, werden durch solche Bestimmungen durchdrungen. Der Inhalt der Logik, der die reinen Bestimmungen und Entwicklungen in ihrer Notwendigkeit darstellt, ist „die Darstellung Gottes, wie er in seinem ewigen Wesen vor der Erschaffung der Natur und eines endlichen Geistes".[214]

Die *Phänomenologie des Geistes* stellt den Gang der Erfahrung des Bewusstseins dar, der von der Natur und einem endlichen Geist aus zum Absoluten der Nacht, dialektisch, nämlich als „das wissende, sich vermittelnde Werden",[215] zurückkehrt. So erreicht das Bewusstsein das Absolute als das absolute Wissen (den absoluten Geist). Dagegen geht die Logik von der ersten, reinsten, abstraktesten Definition des Absoluten selbst – das ist die Darstellung des Anfangs – aus und stellt dessen bestimmtere und reichere

212 Gesammelte Werke Bd.21, S.60.
213 Ebd., S.60, S.61.
214 Ebd., S.34.
215 Ebd., Bd.9, S.433.

ganze Definitionen in ihrer Notwendigkeit dar. In diesem Sinne, wie die *Phänomenologie des Geistes* die Wissenschaft der Erfahrung des Bewusstseins ist, so ist die *Wissenschaft der Logik* die der Erfahrung des Denkens.

Der Text des Anfangs der Logik lautet folgendermaßen.

> „A. Sein
> Sein, reines Sein, – ohne weitere Bestimmung. In seiner unbestimmten Unmittelbarkeit ist es nur sich selbst gleich, und auch nicht ungleich gegen Anderes, hat keine Verschiedenheit innerhalb seiner, noch nach Außen.“[216]

Es folgen noch weitere Sätze. Aber wir hören auf, weiter zu zitieren, weil Hegel selbst in der Vorrede zur zweiten Ausgabe folgendes sagt: Indem die Wissenschaft mit dem rein Einfachen, hiermit dem Allgemeinsten und Leersten anfangen müsse, ließe der Vortrag nur eben diese selbst ganz einfachen Ausdrücke des Einfachen ohne allen weiteren Zusatz irgendeines Wortes zu.[217] Und an einer anderen Stelle sagt er auch, die einfache Unmittelbarkeit sei selbst ein Reflexionsausdruck und beziehe sich auf den Unterschied von dem Vermittelten. In ihrem wahren Ausdruck sei daher diese einfache Unmittelbarkeit das reine Sein.[218]

In den oben zitierten Sätzen ist „die unbestimmte Unmittelbarkeit“ wie „die einfache Unmittelbarkeit“ ein Reflexionsausdruck. Auch sind „sich selbst gleich sein“ (die Sichselbstgleichheit) und „ungleich gegen Anderes“ (die Ungleichheit gegen Anderes) usf. Reflexionsausdrücke. Denn die zitieten Sätze sind dadurch entstanden, dass sich das Nachdenken mit dem Sein befaßt (deshalb sind die Sätze unbegreiflich für das Denken, das das Nachdenken nicht kennt). Den Grundsatz, den Hegel erwähnt, wenden wir an, und aus dem Text über Sein und Nichts beseitigen wir möglichst (die Einmischung des Nachdenkens minimal haltend) die Ausdrücke, die auf dieser Stufe noch Reflexionsausdrücke sind.

---

216 Ebd., Bd.21, S.68, S.69.

217 Ebd., S.18.

218 Ebd., S.55.

„A. Sein
Sein, reines Sein ... ohne alle weitere Bestimmung. Es ist nichts in ihm anzuschauen, wenn von Anschauen hier gesprochen werden kann; oder es ist nur dies reine, leere Anschauen selbst. Es ist ebensowenig etwas in ihm zu denken, oder es ist ebenso nur dies leere Denken. Das Sein ... ist in der Tat Nichts und nicht mehr noch weniger als Nichts."

„B. Nichts
Nichts, das reine Nichts ... Insofern Anschauen oder Denken hier erwähnt werden kann, so gilt es als ein Unterschied, ob etwas oder nichts angeschaut oder gedacht wird. Nichts Anschauen oder Denken hat also eine Bedeutung; beide werden unterschieden, so ist (existiert) Nichts in unserem Anschauen oder Denken; oder vielmehr ist es das leere Anschauen und Denken selbst; und dasselbe leere Anschauen oder Denken, als das reine Sein."

Wie schon erwähnt, habe ich beim Lesen des Textes des Anfangs von Gadamer die größten Anregungen bekommen. Gadamer sagt, der Unterschied von Anschauung oder Denken sei selber ein leerer, solange nicht etwas Bestimmtes seinen Inhalt ausmache.[219] Nach seinem Hinweis kürzen wir Hegels Sätze ab, indem wir das Wort „Anschauen" durch das Wort „Denken" vertreten lassen.

„A. Sein
Sein, reines Sein... ohne alle weitere Bestimmung. Es ist nur das leere Denken. Das Sein ist in der Tat Nichts und nicht mehr noch weniger als Nichts."

„B. Nichts
Nichts, reines Nichts ... es ist dasselbe leere Denken als das reine Sein."

---

219 Hans-Georg Gadamer, S.77.

Was in A und B gesagt wird, ist, dass Sein und Nichts dasselbe und das leere Denken selbst ist. Gadamer sagt: „Das leere Denken ist ein Denken, das noch gar nicht das ist, was Denken ist."[220] Was seinen Satz hier betrifft, besteht zu Recht. Aber er verneint zugleich, dass es ein Denken gibt, das noch nicht angefangen hat zu denken.[221] Aus dieser Auslegung kommt er zu dem Schluss: „Wenn der Unterschied von Sein und Nichts der Bestimmtheit des Gedankens nach, zugleich ihre volle Ununterschiedenheit ist, dann läßt sich die Frage, wie aus Sein und Nichts Werden hervorgeht, überhaupt nicht mehr sinnvoll fragen."[222] Doch existiert das Denken, das noch nicht angefangen hat zu denken (oder „das Denken, das noch gar nicht das ist, was Denken ist"). Das ist das Denken, das gerade von Nichts des Denkens in Sein des Denkens übergeht. Gadamer achtet nur auf die Ununterschiedenheit von Sein und Nichts und übersieht „den absoluten Unterschied" beider.

5

Wir haben schon darauf hingewiesen, dass Hegel in *Glauben und Wissen* sagt, das Erste der Philosophie sei, das absolute Nichts zu erkennen. Die Logik fängt mit der Darstellung des Anfangs an, an dem das anfangende Denken, das das absolute Nichts erkennt, von Nichts in Sein übergehend, als das Sein des Denkens entsteht. So fängt der Anfang der Logik mit dem Sein an. Wie schon bemerkt, geht das Nichts als Tatsache voran, aber, wenn von der Erkenntnis die Rede ist, kommt das Sein als das erkennende Denken zuerst. Und indem, wie Hegel in der *Differenzschrift* schreibt, das Licht, das aus der Nacht heraustritt, leuchtet, konnte die Erkenntnis entstehen, mit anderen Worten das übergehende Denken aus dem Nichts in Sein als das Sein des Denkens entstehen konnte. Dieses Leuchten ermöglicht die Entstehung des erkennenden Denkens. Ohne dieses Licht wird in der Nacht nichts erkennbar sein.

Am Anfang der oben erwähnten „Analyse des Anfangs" schreibt Hegel:

---

220 Ebd.
221 Ebd.
222 Ebd.

„Es ist noch Nichts, und es soll Etwas werden. Der Anfang ist nicht das reine Nichts, sondern ein Nichts, von dem Etwas ausgehen soll; das Sein ist also auch schon im Anfang enthalten.“[223]

Das Wort „Sollen“ drückt jemandes Willen gegen das Subjekt des Satzes (Etwas) aus. In diesem Fall drückt es den Willen Gottes oder Hegels Gewissheit aus, Gott zu vermuten. Nach der Lehre der Bibel wurde alles vom Willen Gottes erschaffen. So ist das Licht, das aus der Nacht des Nichts heraustritt, von seinem Willen erschaffen. Gott hat alles aus dem Nichts erschaffen und das Sein ist auch im Anfang enthalten. Und Hegel sagt auch, das Sein solle der Anfang der Logik, des Denkens für sich, sein. Dieses „Sollen“ drückt den Willen des Erzählers aus. An derselben Stelle äußert Hegel seinen Entschluss, das Denken als solches betrachten zu wollen.[224]

Sein und Nichts sind dasselbe leere Denken, heißt es in A und B. Wird die Tatsache, dass Sein und Nichts dasselbe sind, nur aus dem Grund gesagt, weil das Denken am Anfang leer ist? Wenn es so ist, wird das Sein leer, nämlich in nichts, enden. Und als B wäre nicht der Paragraph „Nichts“ gestellt worden. Die Tatsache, dass das Sein nicht nichts, sondern das Nichts ist, kommt aus dem Grund, weil das Nichts ist. Wie schon bemerkt, ist das Nichts das Nichts des Denkens. Vor dem Anfangen des Denkens existiert dieses Nichts. Das Denken ist gerade aus dem Nichts der Nacht entstanden. Das Denken ist aus dem Nichts in Sein zurückgegangen. Durch die Aussage, dass das Nichts ist, entsteht die Identität des reinen Gedanken des Seins und des Denkens. Wie Sein und Nichts ungetrennt und untrennbar ist, ist die Verbindung des Seins und des Denkens durch das Nichts ungetrennt und untrennbar.

Lesen wir „a. *Einheit des Seins und Nichts*“ in „C. Werden“. Zuerst zitieren wir Hegels Sätze ((1), (2) und (3) sind Einfügungen des Verfassers).

223 Gesammelte Werke Bd.21, S.60.
224 Ebd., S.56.

> „*Das reine Sein und das reine Nichts ist also dasselbe.* (1) Was die Wahrheit ist, ist weder das Sein, noch das Nichts, sondern daß das Sein in Nichts und das Nichts in Sein, – nicht übergeht, sondern übergegangen ist. (2) Aber eben so sehr ist die Wahrheit nicht ihre Ununterschiedenheit, sondern daß *sie nicht dasselbe*, daß *sie absolut unterschieden*, aber eben so ungetrennt und untrennbar sind, und unmittelbar *jedes in seinem Gegenteil verschwindet.* (3) Ihre Wahrheit ist also diese *Bewegung* des unmittelbaren Verschwindens des einen in dem andern: *das Werden*; eine Bewegung, worin beide unterschieden sind, aber durch einen Unterschied, der sich ebenso unmittelbar aufgelöst hat."[225]

Wir können die drei Wahrheiten wie folgt zusammenfassen.

(1) Das Sein ist in Nichts und das Nichts in Sein übergegangen.
(2) Das Sein und das Nichts sind absolut unterschieden, aber jedes verschwindet unmittelbar in seinem Gegenteil.
(3) Die Bewegung, dass jedes unmittelbar in seinem Gegenteil verschwindet, ist das Werden. In dieser Begegung des Werdens sind beide absolut unterschieden, aber durch einen Unterschied, der sich unmittelbar aufgelöst hat.

Unter diesen drei Wahrheiten ist die Einsicht der Wahrheit (2), dass das Sein und das Nichts absolut unterschieden sind, am wichtigsten, weil diese Einsicht die Erkenntnis des Übergehens (1) und die Erkenntnis der Bewegung als des Werdens (3) ermöglicht. Stellen wir uns vor, was geschieht, wenn diese Einsicht fehlt. Weil in (1) das Sein in Nichts und das Nichts in Sein übergegangen ist (Perfekt), wird die schon vollendete Sache nur wie die vorhandene Sache erscheinen. So kann der Ausdruck des Perfekts überhaupt nicht zustande kommen. Und der Begriff des Übergehens kann auch nicht zustande kommen. In (2) können die Erkenntnis der Unmittelbarkeit der Sache, dass jedes in seinem Gegenteil verschwindet, und die des Verschwindens selbst nicht zustande

225 Ebd., S.69, S.70.

kommen. Die Wahrheit (3) erfaßt die Wahrheiten (1) und (2) als die Bewegung des Werdens. Aber diese Erkenntnis der Bewegung des Werdens in (3) kann nicht zustande kommen, und die Erkenntnis, dass der Unterschied sich unmittelbar aufgelöst hat (Perfekt), natürlich auch nicht (Wie oben bemerkt, dass die schon vollendete Sache nur wie die vorhandene Sache erscheinen wird, ist der unmittelbar aufgelöste Unterschied kein Unterschied mehr).

Denken wir weiter, was geschieht, wenn die Erkenntnis des absoluten Unterschieds fehlt. Dann wird von der Einheit des Seins und Nichts keine Rede sein. Und die Darstellung des Anfangs der Logik wird unmöglich. Weil der Anfang der Grund ist, worauf alles in der Logik gebaut sei,[226] kann die Logik selbst nicht zustande kommen. Weil die Einheit des Sein und Nichts „die Identität der Identität und der Nichtidentität" ausmacht, verschwindet dieser Begriff als die erste, reinste, d. i. abstrakteste Definition des Absoluten[227] aus der Philosophie Hegels.

Die Definition des Absoluten, „die Identität der Identität und der Nichtidentität", tritt zuerst in der *Differenzschrift* (1801) auf. Dort nennt Hegel den absoluten Unterschied die absolute Differenz. Die absolute Differenz des Lichts und der Nacht in der *Differenzschrift* erfasst Hegel in der Logik als den absoluten Unterschied des Seins und Nichts. Aus der Absolutheit der Differenz (oder des Unterschieds) ist die werdende Bewegung in *der Phänomenologie des Geistes* und in der *Wissenschaft der Logik* hervorgebracht. Hegels Kritik wie „in der Nacht sind alle Kühe schwarz"[228] oder „wie aus der Pistole"[229] ist gegen Schelling gerichtet, der das Verfahren der Vermittlung ablehnt, weil er den absoluten Unterschied nicht kennt.

6

Am Anfang der Logik existiert zuerst das absolute Nichts als der nächtliche Punkt, wo das Denken verschwunden ist. Das Denken,

226 Ebd., S.19.
227 Ebd., S.60.
228 Phänomenologie des Geistes, Gesammelte Werke, Bd.9, S.16.
229 *Logik,* Ebd.,Bd.21, S.53.

das es erkennt, macht den Anfang aus. Das Adjektiv „absolut", das Hegel betont, bedeutet, dass das Nichts über die Relativierung vom Denken übergeht. Solange das Denken existiert, ist das Übergehen über die Relativierung unmöglich. Wie stolz das Denken auch darauf sein mag, dass es das Absolute erfaßt hat, ist das nur, wie Hegel sagt, das Absolute für das Relative, d. h. das relativ Absolute.

Das Absolute ist die Nacht. Aus dem Nichts des Denkens als der absoluten Nacht entsteht wieder das Denken, indem es durch das Licht, das in der Nacht heraustritt, beleuchtet wird. Hier gibt es zwei Übergänge. Einen Übergang aus dem Nichts in Sein und, zeitlich davor, einen Übergang aus dem Sein in Nichts. Wenn das Denken als das reine Denken, nämlich das reine Sein entsteht, hat es diese zwei Übergänge schon erfahren und die Erfahrungen sind in der Erinnerung aufbewahrt. Bei Hegel ist die Erinnerung wichtig, weil, wie oben schon bemerkt, dieser Sachverhalt dieser zwei Übergange existiert. Und das Denken, das in der Erinnerung tätig ist, ist das Nachdenken.

Am Anfang ist das Denken, wie Hegel in „der Analyse des Anfangs" erklärt, gerade auf dem werdenden Weg vom Nichts in Sein. Dabei „sind Sein und Nichts im Anfang als unterschieden vorhanden".[230] Das anfangende, nämlich werdende Denken, geht in diesem absoluten Unterschied vom Nichts in Sein über. Aber das übergehende Denken selbst kann diesen Übergang nicht erfassen. Das Denken verschwindet plötzlich und entsteht nun wieder plötzlich. Darüber sagt Hegel, wie wir schon einmal zitiert haben, folgendes:

> „In der reinen Reflexion des Anfangs, wie er in dieser Logik mit dem Sein als solchem gemacht wird, ist der Übergang noch verborgen; weil das Sein nur als unmittelbar gesetzt ist, bricht das Nichts an ihm nur unmittelbar hervor."[231]

Wie schon bemerkt, sagen diese Sätze die Erkenntnis aus, die durch das Nachdenken ermöglicht wurde. Das Sein ist

230 Ebd., S.60.
231 Ebd., S.86.

„das Unmittelbare selbst“[232] und als die einfache Unmittelbarkeit nicht analysierbar. „Das analytische Verfahren“ ist „ein der Sache selbst äußerliches, in das Subjekt fallendes Tun“.[233] Die Unmittelbarkeit, die „die äußere Reflexion“ des analysierenden Verstandes ausspricht, ist nur „die Unmittelbarkeit außerhalb des Denkens“.[234] Was ist das dann „die Unmittelbarkeit innerhalb des Denkens“? Das ist die Unmittelbarkeit des Denkens selbst, nämlich, dass das Denken selbst unmittelbar ist. Hegel weist die nur äußere Reflexion zurück, aber bejaht „die äußere wie die innere Reflexion “.[235] „Die innere Reflexion“ im Sein als Anfang ist noch nur „die reine Reflexion“. Dort ist „die äußere Reflexion“, die die Sache entwickeln lässt, unentbehrlich. Aber „das Vorwärtsschreiten“ von dieser äußeren Reflexion muss „ein Rückwärtsgehen“ sein, das immer in die innere Reflexion zurückgeht. Hier gibt es einen hin- und hergehenden Kreislauf. „Die äußere Reflexion“, die mit „der inneren Reflexion“ zusammenwirkt, nennt Hegel „das Nachdenken“.

Gadamer erwähnt auch in seiner Auslegung des Anfangs die oben zitierten Sätze Hegels und betont, für Hegel sei jenes Übergehen noch kein Verhältnis.[236] Daher sagt Gadamer: „Diesen Unterschied (nämlich, den Unterschied von Sein und Nichts) festzuhalten, kann dem Denken nicht gelingen“.[237] Wenn „das Denken“, von dem Gadamer sagt, die innere Reflexion Hegels bedeutete, würde er recht haben. Aber er kennt keinen Unterschied zwischen der inneren und der äußeren Reflexion. Und so heißt es bei Gadamer: „Nicht von dem vorgegebenen Unterschied von Sein und Nichts bestimmt sich das Werden als Entstehen und Vergehen, sondern im Denken der Bestimmung des Werdens als Übergehens tritt diese Differenz an ihm hervor“.[238] Seine Auslegung ist umgekehrt, sie gilt nämlich seinem Denken selbst und

232 Ebd.,S.56.
233 Ebd., S.62.
234 Ebd., S.88.
235 Ebd. S.86.
236 Ebd., S.90.
237 Hans-Georg Gadamer, S.76.
238 Ebd., S.78.

nicht dem Denken Hegels. Und Gadamers Schluss, die Bewegung komme nicht in das Sein...und sie (Sein und Nichts) kämen nur in der Bewegung des Denkens überhaupt vor,[239] ist offenbar ein Missverständnis. Bei Hegel ergibt sich der Begriff des Werdens aus dem Übergehen, dass das Denken in Nichts und wieder in Sein übergeht. Im Sein ist die Bewegung des Denkens als das Übergehen vom Nichts in Sein schon enthalten, aber sie ist für das übergehende Denken selbst noch verborgen. Mit anderen Worten, treten Sein und Nichts in der Bewegung des Denkens, wie Gadamer sagt, nicht hervor, sondern das Denken selbst geht in Nichts oder in Sein über. Gadamers Denken ist nur ein der Sache selbst äußeres Denken. Was Hegel in den oben zitierten Sätzen zeigt, ist, dass das Übergehen noch kein Verhältnis ist, weil das Übergehen in der reinen Reflexion (in der inneren Reflexion) des Anfangs als des reinen Seins noch verborgen ist.

Warum ist dann das Übergehen noch verborgen? Weil der Unterschied von Sein und Nichts absolut ist. Wie Gadamer zitiert, sagt Hegel: „Was die Wahrheit ist, ist weder das Sein noch das Nichts, sondern dass das Sein in Nichts und das Nichts in Sein – nicht übergeht, sondern übergegangen ist.“[240] Das Übergehen ist nach Gadamer „immer ‚perfekt‘.“[241] Daher sagt er: „Sein geht in Nichts über und Nichts geht in Sein über“ sei in Wahrheit eine ganz unhaltbare Ausdrucksweise. „Man muß Hegel genau lesen, dann sieht man, daß er auch nichts von einem solchen Übergang sagt. ... Worin Sein und Nichts allein sind, ist das Übergehen selbst, das Werden.“[242] Er ignoriert dabei, dass Hegel anschließend darlegt, sie (Sein und Nichts) seien absolut unterschieden.[243]

In der Bewegung des Werdens ist das Sein in Nichts (das Nichts in Sein) übergegangen (1), und der Unterschied von Sein und Nichts hat sich unmittelbar aufgelöst (3). Das schon vollendete Übergehen ist kein Übergehen mehr und der schon aufgelöste

239 Ebd., S.78, S.79.

240 Gesammelte Werke Bd.21, S.69.

241 Hans-Georg Gadamer, S.77.

242 Ebd.

243 Gesammelte Werke Bd.21, S.69.

Unterschied ist kein Unterschied mehr. Dort existiert kein Unterschied von Sein und Nichts mehr und kein Übergehen, dass jedes in seinem Gegenteil verschwindet. Dass Sein und Nichts absolut unterschieden sind (2), heißt, dass man den Unterschied nicht relativieren kann. Darum ist der Unterschied „noch verborgen“ und „noch kein Verhältnis“. Dass Sein und Nichts absolut unterschieden sind, ist nichts anderes als, dass das Sein des Denkens und das Nichts des Denkens absolut unterschieden sind. Daher ist der Unterschied nicht, wie Gadamer sagt, „auf das Meinen beschränkt“.[244] Dass der absolute Unterschied von Sein und Nichts existiert, drückt aus, dass es die Einsicht dieses Unterschieds gibt, mit anderen Worten, dass das gerade zum Sein werdende Denken das Übergehen in Nichts schon erfahren hat, aber das zum Sein gewordene Denken sein Nichts noch nicht relativieren kann.

Das Sein, das Nichts und das Werden sind je das Sein des Denkens, das Nichts des Denkens und das Werden des Denkens. Um das zu demonstrieren, ersetzen wir durch diese Worte die Stellen des Seins, des Nichts und des Werdens, die sich in den oben von drei Wahrheiten zusammengefassten Sätzen finden.

(1) Das Sein des Denkens in Nichts des Denkens (das Nichts des Denkens in Seines Denkens) ist übergegangen.
2) Das Sein des Denkens und das Nichts des Denkens sind absolut unterschieden, aber jedes verschwindet unmittelbar in seinem Gegenteil.
(3) Die Bewegung, dass jedes unmittelbar in seinem Gegenteil verschwindet, ist das Werden des Denkens. In dieser Begegung des Werdens des Denkens sind beide absolut unterschieden, aber durch einen Unterschied, der sich unmittelbar aufgelöst hat.

Was Hegel darstellt, ist eine solche Wahrheit. Für das Denken selbst verschwindet das Sein (des Denkens) unmittelbar in Nichts (des Denkens) und das Nichts (des Denkens) verschwindet auch unmittelbar in Sein (des Denkens). Die Bewegung, dass das

244 Hans-Georg Gadamer, S.61.

Denken übergeht, ist das Werden (des Denkens). Für das Denken, das den absoluten Unterschied von Sein und Nichts erfahren hat, kommt das Werden zustande als die Bewegung des Denkens selbst. Wie im Zusatz zitiert, sagt Hegel in der *Enzyklopädie*: „Das Erheben des Denkens über das Sinnliche, das Hinausgehen desselben über das Endliche zum Unendlichen, der Sprung, der mit Abbrechung der Reihen des Sinnlichen ins Übersinnliche gemacht werde, alles dieses ist das Denken selbst, dies Übergehen ist nur Denken."[245] Für Hegel existiert im Denken ein Sprung (das Übergehen). Der erste Sprung (das erste Übergehen) ist der Sprung (das Übergehen) ins Absolute der Nacht, nämlich das Verschwinden des endlichen Denkens. Das Denken, das aus dem Nichts der Nacht hervorgegangen ist, ist das unendliche Denken (die Vernunft), das als Sein den Anfang der Logik ausmacht.

7

Warum ist denn im Werden, in dem jedes von Sein und Nichts in sein Gegenteil übergeht, nicht das Übergehen vom Sein in Nichts, sondern das Übergehen vom Nichts in Sein als endgültig angesehen?

Die Antwort kann man z. B. in den folgenden Sätzen Hegels finden. Das Vergehen, das Nichts, sei nicht das Letzte, sondern vergehe.[246] Wenn man die Wörter „Vergehen" und „Nichts" durch das Wort „Tod" ersetzt, dann kann man das leicht verstehen. Der Tod vergeht im christlichen Glauben. Hegels Philosophie ist die Philosophie des absoluten Seins Gottes. Der Glaube an Gott stützt seine Philosophie. Dagegen ist, leider muss ich mich hier mit der Darstellung zurückhalten, die Philosophie von Kitaro Nishida, der der größte moderne Philosoph in der nicht christrichen Tradition Japans ist, eine Philosophie des absoluten Nichts. Das Nichts, das in der traditionellen Kultur Japans seinen Grund hat, macht den Grundbegriff seiner Philosophie aus.

Bevor wir die Betrachtung über den Anfang der Logik beenden, müssen wir noch Näheres über das Nachdenken erörtern. Am

245 Gesammelte Werke Bd. 20, S. 87.

246 Ebd., Bd.21, S.118.

Anfang fehlt dem leeren Denken noch die eigentliche Tätigkeit des Denkens. Und für dieses Denken ist es noch nicht möglich, über das Denken selbst in der Bewegung des Werdens zu reflektieren und es zu bestimmen. Dort sieht Hegel das Nachdenken am Werk. Über das Nachdenken, das beim Darstellen des Anfangs tätig ist, schreibt Hegel folgendes.

> Das Nachdenken, welches tiefere Bestimmungen für sie (Sein und Nichts) findet, ist das logische Denken, durch welches sich solche, nur nicht auf eine zufällige, sondern notwendige Weise, hervorbringen."[247]

Er sagt auch in der Vorrede zur ersten Ausgabe:

> „Es kann nur die *Natur des Inhalts* sein, welche sich im wissenschaftlichen Erkennen *bewegt*, indem zugleich diese *eigne Reflexion* des Inhalts es ist, *welche seine Bestimmung* selbst erst setzt und *erzeugt*."[248]

Und in der *Enzyklopädie* heißt es: „Beweisen heißt in der Philosophie soviel als aufzeigen, wie der Gegenstand durch und aus sich selbst sich zu dem macht, was er ist."[249] Nun ist der Gegenstand, der zu beweisen ist, das Denken selbst. Hegel muss aufzeigen, wie das Denken durch und aus sich selbst sich zu dem macht, was es ist. Das anfangende Denken ist noch das leere Denken, das gerade vom Nichts in Sein übergeht. Dieses Denken ist noch nicht imstande, sich selbst zu erfassen. Das Nachdenken erfasst diesen Sachverhalt. Auf welche Weise setzt und erzeugt das Nachdenken notwendige tiefere Bestimmungen und kann es das logische Denken sein?

Im Voraus ist das Denken, das noch in der leeren, keimenden Lage ist. Das Denken im Nachdenken ist das Denken, das das im Voraus vorhandene, leere Denken nach- und verfolgend denkt.

---

247 Ebd., Bd.20, S.124.

248 Ebd., Bd.21, S.7, S. 8.

249 Werke in zwanzig Bänden Bd.8, S.179, S.180.

Das im Voraus vorhandene, leere Denken und das Nachdenken verbindet die Erinnerung.

Wie schon oben bemerkt, gibt es die drei Wahrheiten: das Perfekt des Übergegangenseins, das Präsens des Verschwindens und das Perfekt des Aufgelöstseins des Unterschieds. Und es ist die Einsicht des absoluten Unterschieds von Sein und Nichts, die die Erkenntnis dieser Sachverhalte ermöglicht. Die Einsicht dieser Sachverhalte und des absoluten Unterschieds selbst, nämlich die Erkenntnis der Bewewgung des Werdens ermöglicht das Nachdenken. Das Nachdenken erfasst in der Erinnerung das im voraus vorhandene Denken, dieses vom Nichts in Sein (vom Sein in Nichts) übergegangene, perfekte Denken als das gegenwärtige Denken, dass jedes unmittelbar in seinem Gegenteil verschwindet, nämlich als das werdende Denken (Dieses bedeutet, dass das Nachdenken selbst auch aus dem Unterschied von Sein und Nichts entstanden ist).

Indem das Nachdenken das im voraus vorhandene Denken als das werdende Denken findet und erfasst, kommt das Denken des Nachdenkens in die Begegnung des im Voraus vorhandenen Denkens in der Erinnerung. Mit anderen Worten kommt das im Voraus vorhandene Denken in der Erinnerung als das Denken im Nachdenken in die Bewegung des Werdens. So vereinigt sich das im Voraus vorhandene Denken und das Denken im Nachdenken, und das Nach im Nachdenken ist weg und das Nachdenken wird nur das Denken.

Wie schon bemerkt, sagt Hegel, das Vorwärtsschreiten in der Philosophie sei vielmehr ein Rückwärtsgehen und Begründen.[250] Diese kreisförmige Bewegung ist auch die struktuelle Bewegung, die die ganze Philosophie Hegels durchdringt. Mit anderen Worten bildet sich seine ganze Philosophie durch solche werdende Bewegung des Denkens als die werdende Bewegung. Aus der Logik zitieren wir nur eine Stelle, in der es heißt: „Das Ganze der Wissenschaft ist ein Kreislauf in sich selbst, worin das Erste auch das Letzte, und das Letzte auch das Erste wird.“[251]

250 Gesammelte Werke Bd.21, S.57.
251 Ebd.

Solche Bewegung des Denkens ist die Kernstruktur der Hegelschen Dialektik in der Logik. So gilt für das Denken, dass es sich „durch und aus sich selbst zu dem macht, was es ist." Daher ist das Nachdenken das logische Denken, und tiefere Bestimmungen, die dieses Denken findet, sind nicht zufällig, sondern notwendig.

Zusatz zum Text

1

Wenn man sagt, Descartes sei der Philosoph, bei dem die Festlegung des modernen Ich manifest geworden ist, so könnte man sagen, Hegel sei der Philosoph, der zu dem Ursprung des menschlichen Geistes, den das moderne Ich nicht kannte, zurückgekehrt ist und von diesem Punkt das moderne Ich aufgenommen hat. Das Ich bei Descartes (der Verstand) hat den Horizont der modernen Weltanschauung eröffnet und Hegels Begriff der Vernunft hat den Verstand aufgehoben und ihn sozusagen vertikal in seinen neuen Horizont gestellt.

Zuerst zitieren wir die Definition des Denkens von Descartes aus seinen *Prinzipien der Philosophie.*

> „Unter Denken verstehe ich alles, was derart in uns geschieht, daß wir uns seiner unmittelbar aus uns selbst bewußt sind. Deshalb gehört nicht bloß das Einsehen, Wollen, Einbilden, sondern auch das Wahrnehmen hier zum Denken."[252]

Das Denken bei Descartes ist das Selbstbewusstsein, d. i. das denkende Ich ist das Selbst, das sich seiner unmittelbar bewusst ist. Dieses Selbstbewusstsein, wie Hegel sagt, „setzt die Welt sich gegenüber, macht sich von ihr frei"[253] „Sich von der Welt frei machen" heißt, dass das Selbst aus der Welt herausgeht. Wie kann man aber aus der Welt herausgehen? Dadurch, dass das Ich aus sich selbst herausgeht, indem es sich seiner bewusst ist. Indem

252 PhB., Bd. 28, S. 3.

253 Werke in zwanzig Bänden, Bd.10, S.62.

das Ich sich der Welt bewusst ist, wird die Welt der Gegenstand des herausstehenden Ich. Durch das Selbstbewusstsein wird die Vergegenständlichung der Welt möglich.

Descartes unterscheidet streng das Selbstbewusstsein vom Bewusstsein, nämlich das sich seiner bewusst seiende Ich von dem im Bewusstsein als Gegenstand gestellten Ich. Er hat so das sich bewusst seiende Ich (das denkende Ich) als den festen und unbeweglichen Blickpunkt des Menschenverstandes festgestellt. Damit das Ich aus der Welt herausgehen kann, muss das Ich im Bewusstsein fest und unbeweglich fixiert sein. In den *Meditationen* vergleicht er sein denkendes Ich mit dem Punkt des Archimedes, der das Prinzip des Hebels entdeckte. Descartes sagt: „Nichts als einen festen und unbeweglichen Punkt verlangte Archimedes, um die ganze Erde von ihrer Stelle zu bewegen."[254] Sein denkendes Ich ist als Selbstbewusstsein über die Welt hinaus. Wenn das Ich aber über die Welt hinausgeht, dann wird es außer der Welt schweben. Warum kann das Ich fest und unbeweglich sein? Weil dieses Ich der transzendente, absolute Gott stützt. Das Ich kann fest und unbeweglich außer der Welt sein, indem es von dem festen Glauben an Gott unterstützt wird.

Bekanntlich unterscheidet Descartes streng den Geist von dem Körper. Und das Denken als das Attribut des Geistes hat nur eine äußere Beziehung mit dem Körper. Das ist notwendig, weil der denkende Geist festgelegt ist, indem er aus der Welt herausgegangen ist. Der menschliche Geist geht als Verstand aus der Welt heraus und übersieht sie von außen (Später wird Hegel in der *Phänomenologie des Geistes* sagen, das wissenschaftliche Erkennen vergesse diese Übersicht). So zeigt sich vor dem Verstand die Natur als mechanisch, die als das Attribut nur die Ausdehnung hat. Der Verstand, den Descartes festgestellt hat, hat für den menschlichen Geist einen solchen Horizont ermöglicht.

254 PhB., Bd.27, S.17.

2

Hegel nennt Descartes den wahrhaften Begründer der modernen Philosophie.[255] Nach Hegel fängt die moderne Philosophie mit Descartes an. Wenn aber Hegel in *der Phänomenologie des Geistes* von „dem sich vollbringende Skeptizismus"[256] als seiner Methode spricht, wird man das auch als Kritik Hegels an Descartes verstehen können. Hegel meint wohl, Descartes Skepsis sei nicht gründlich und noch nicht vollbracht. Descartes hat in seinem Zweifel an seinem zweifelnden Denken selbst nicht gezweifelt (deshalb hat er sein Denken als fest und unbeweglich feststellen können und so hat die moderne Philosophie angefangen). Hegel will den Zweifel am Denken selbst vollbringen. Das Denken bei Descartes ist der Verstand. Der Verstand stellt sich außerhalb des Gegenstandes und überschaut von außen den Gegenstand („die äußere Reflexion" von Hegel). Der sich vollbringende Skeptizismus heißt, den Zweifel an diesem Verstand zu vollbringen. Hegel hält den Moment des Verstandes für wichtig. Aber er will sagen, der Verstand sei nicht alles. Es ist die Vernunft, die durch das Vollbringen des Zweifels an dem Verstand gebunden ist.

Zitieren wir Hegels Auffassung des Denkens.

> „Das Denken, wie es die Substanz der äußerlichen Dinge ausmacht, ist auch die allgemeine Substanz des Geistigen. In allem menschlichen Anschauen ist Denken; ebenso ist das Denken das Allgemeine in allen Vorstellungen, Erinnerungen und überhaupt in jeder geistigen Tätigkeit, in allem Wollen, Wünschen usf. Dies alles sind nur weitere Spezifikationen des Denkens. Betrachten wir das Denken als das wahrhaft Allgemeine alles Natürlichen und auch alles Geistigen, so greift dasselbe über alles dieses über und ist die Grundlage von allem."[257]

255 Werke in zwanzig Bänden, Bd.20, S.123.
256 Ebd., Bd.3, S.72.
257 Ebd., Bd.8, S.82.

Was zwischen Descartes und Hegel gemeinsam ist, ist das feste Vertrauen, das Denken auf eine Grundlage zu stellen. Das ist die Erbschaft von Descartes, die Hegel angetreten hat. Aber zwischen beiden gibt es einen entscheidenden Unterschied. Bei Descartes ist das Denken das Attribut des Geistes und hat nur eine äußere Beziehung zur körperlichen Welt. Aber bei Hegel ist das anders. Hegels Begriff des Denkens ist auch die Substanz der äußerlichen Dinge und das wahrhaft Allgemeine nicht nur alles Geistigen, sondern auch alles Natürlichen. Das Denken ist auch den äußerlichen Dingen immanent. Das Denken, das „über alles dieses übergreift", ist der Moment des Verstandes, und das Denken, das „die Grundlage von allem ist", ist der Moment der Vernunft. Bei Hegel sind die Vernunft und der Verstand im Denken inhärent. Hegels Vernunft hat den Horizont eröffnet, der das Innere der äußerlichen Dinge (alles Natürlichen) erreicht.

Was Hegel am Anfang der Logik macht, ist die Begründung dieses Denkens. Das Sein am Anfang ist, wie im Text erwähnt, das Sein des Denkens. Dieses Sein ist, wie Hegel erörtert, das Sein im Werden vom Nichts zum Sein (das Denken selbst wird vom Nichts zum Sein). Das Denken ist im Nichts der Nacht als das Sein geboren. Deshalb macht das Denken die allgemeine Substanz nicht nur alles Geistigen, sondern auch alles Natürlichen aus. Denn dieses alles ist in die Nacht zurückgegangen. Und „daß das Anfangende (= das Sein) allem Folgenden zugrunde liegen bleibt und nicht daraus verschwindet",[258] bedeutet, wie schon erwähnt, dass dieses Denken allem Folgenden zugrunde liegen bleibt und nicht daraus verschwindet.

3

Nun, wenn wir sagen, dass Hegels Denken den äußerlichen Dingen immanent ist, müssen wir uns an das Wort „das Innre der Natur"[259] zu seiner Jenaer Zeit erinnern. Hegel setzt es dort mit der Nacht gleich und sagt, der Mensch sei die Nacht und in diese

258 Gesammelte Werke, Bd.21, S.58.
259 Ebd., Bd.8, S.187.

Nacht sei das Seiende zurückgegangen.[260] Der Ausdruck „Nacht" kommt häufig in seinen Frühwerken vor. Was bedeutet dieses Wort? Was Hegel mit diesem Wort ausdrückt, ist nicht die Nacht, die mit dem Ende des Tages kommt. Die Nacht ist, mit anderen Worten Hegels, „die innere Nacht der Seele". 1812 – in diesem Jahr beginnt die Veröffentlichung der *Wissenschaft der Logik* – spricht Hegel über die Unterrichtsmethode der Philosophie folgendermaßen.

> „Der Jugend muß zuerst das Sehen und Hören vergehen, sie muß vom konkreten Vorstellen abgezogen, in die innere Nacht der Seele zurückgezogen werden."[261]

Das Sehen und Hören verbindet sich als Wahrnehmung mit dem konkreten Vorstellen. Nach Hegel öffnet sich „die innere Nacht der Seele", indem das Sehen und Hören vergeht. Bei ihm fängt die Philosophie in der übersinnlichen Welt als der inneren Nacht der Seele an. In der Tradition der europäischen christlichen Mystik gibt es das Wort „die Nacht der Seele". Die innere Nacht der Seele Hegels steht in enger Beziehung zu dieser Tradition (Hegels Sympathie für die Mystik – und auch Kritik daran – findet man, z. B. im Zusatz, *Enzyklopädie* §82).

Die innere Nacht der Seele stammt aus der Erfahrung in Hegels Frankfurter Zeit. Damals hat er an starker Hypochondrie gelitten. Er beschreibt in dem Brief vom 27.5.1810 das Symptom dieser Krankheit. Er hat von seinem Freund, der an der Hypochondrie leidet, einen Brief bekommen, in dem er über seinen eigenen Gemütszustand klagt. Hegels Brief ist als seine Antwort darauf.[262]

> „Ich kenne aus eigner Erfahrung diese Stimmung des Gemüts oder vielmehr der Vernunft".

„Diese Stimmung" im Zitat verweist auf folgenden Zustand.

260 Ebd.
261 Ebd., Bd.10, S.830.
262 PhB., Bd.235, S.314.

> „Dieses Hinabsteigen in dunkle Regionen, wo sich nichts fest, bestimmt und sicher zeigt, allenthalben Lichtglänze blitzen, aber neben Abgründen, durch ihre Helle viel mehr, getrübt, verführt durch die Umgebung, falsche Reflexe werfen als erleuchten."

Hegel nennt solchen Gemütszustand „ein Chaos der Erscheinungen". Alles, was erscheint, ist im Zustand des Chaos. Über die „falschen Reflexe", die in diesem Zustand erscheinen, redet er in seinem Werk: „ In phantasmagorischen Vorstellungen ist es ringsum Nacht, hier schießt dann ein blutiger Kopf, – dort eine andere weiße Gestalt plötzlich hervor, und verschwinden ebenso."[263] In Hegels Brief heißt es weiter:

> „Ich habe an dieser Hypochondrie ein paar Jahre bis zur Entkräftung gelitten; jeder Mensch hat wohl überhaupt einen solchen Wendungspunkt im Leben, den nächtlichen Punkt der Kontraktion seines Wesens."

Wann hat er diese Erfahrung gemacht? Er sagt an einer anderen Stelle: „Diese Hypochondrie fällt meist etwa um das 27ste Jahr des Lebensalters oder zwischen dasselbe und das sechsunddreissigste.[264] Und im Zitat wird gesagt: „Ich habe ... ein paar Jahre ... gelitten." So dauerte die Erfahrung mindestens bis zum Jahr 1800. Das entspricht seiner ganzen Frankfurter Zeit. Und, wie unten bemerkt, ist diese Erfahrung der Nacht schon in der im Jahre 1801 veröffentlichten *Differenzschrift* ausgedrückt.

Die im Jahre 1812 von Hegel dargestellte Erfahrung „der inneren Nacht der Seele" kann bis auf „den nächtlichen Punkt" in seiner Frankfurter Zeit zurückgehen. In „der inneren Nacht der Seele", d. i. in der Nacht, die sich in der Seele geöffnet hat, wie schon oben zitiert, ist das Sehen und Hören vergangen und das konkrete Vorstellen verlorengegangen. Diese Nacht ist nicht die Nacht, die in der äußeren Welt wahrgenommen wird, sondern die

263 Gesammelte Werke, Bd.8, S.187.
264 Hegel-Studien, Bd.1, S.35.

seelische Nacht, die sich durch das Vergehen der Wahrnehmung als solche offenbart.

Erhält sich noch in solcher Nacht die Tätigkeit des Denkens? Sie muss nicht erhalten bleiben. Wie unten bemerkt, schreibt Hegel in der *Differenzschrift,* dass das Absolute die Nacht sei. Weil jedes vergegenständlichende Moment verschwunden ist, ist die Nacht absolut. Wenn das Denken noch verbleibt, kann es die Nacht vergegenständlichen. Und sie wird nicht mehr absolut sein. Im oben angeführten Brief wird gesagt, dass in dem nächtlichen Punkt als einem Wendepunkt im Leben die Kontraktion seines Wesens geschehen sei. In der Kontraktion seines Wesens ist das Sehen und Hören vergangen und das Vorstellen verloren. Die Kontraktion des Wesens muss vor allem die Kontraktion des denkenden Ich bedeuten. Zusammen mit der Wahrnehmung ist auch das Denken verschwunden. Das ist Hegels Hinabsteigen in dunklen Regionen und sein nächtlicher Punkt. In dieser inneren Nacht der Seele „blitzen allenthalben Lichtglänze“ und, durch ihre Helle erleuchtet, hat er erkannt, dass alle Erscheinungen in dem Zustand des Chaos sind.

4

Diese Erfahrung ist für Hegel „die Optik der Kranken“ (Nietzsche) geworden. Dass das Denken zusammen mit der Wahrnehmung vergeht, heißt, dass der Verstand vergeht, der sich außerhalb der Welt befindet und sie vergegenständlicht. „Das Innre der Natur“ öffnet sich für Hegel in der Nacht und dieses Wort ist gegen den Verstand gerichtet, der außerhalb der Natur steht und nur eine äußere Beziehung mit ihr haben kann. „Das Innre der Natur“ bei Hegel entspricht dem Ausdruck Heideggers „dem Sichbefinden inmitten des Seienden im Ganzen (= In-der-Welt-sein)“.[265] Nebenbei bemerkt, stammt dieser Ausdruck Heideggers aus seiner „Grunderfahrung des Nichts“. Heidegger sagt, zwischen dem Erfassen des Ganzen des Seienden an sich und dem Sichbefinden inmitten des Seienden im Ganzen bestehe ein wesenhafter Unterschied. „Das Erfassen des Ganzen des Seienden an sich“ versucht der Verstand

265 M.Heidegger Gesamtausgabe, Bd.9, S.110.

vergebens, der das Ganze übersieht. Nach Heidegger wird „das Sichbefinden inmitten des Seienden im Ganzen“ ermöglicht, indem wir „den Verstand verabschieden“.[266]

Die *Differenzschrift* ist das erste Werk, in dem Hegel seinen „nächtlichen Punkt“ logisch darzustellen versucht.

> „Das Absolute ist die Nacht und das Licht jünger als sie, und der Unterschied beider, sowie das Heraustreten des Lichts aus der Nacht eine absolute Differenz, – das Nichts das Erste, woraus alles Sein, alle Mannigfaltigkeit des Endlichen hervorgegangen ist.“[267]

Hegel sagt, die Nacht sei das Absolute. Warum ist sie absolut? Weil alle Bestimmungen, die das Vergegenständlichen und Relativieren des Sachverhalts ermöglichen, vergangen sind. Indem die Wahrnehmung und das Denken vergangen sind, vergeht auch diese wirkliche Welt. Dort hat sich die Region des Absoluten d. i. die Nacht der Seele geöffnet. Die Nacht ist nicht die wahrgenommene, sondern die übersinnliche, transzendentale Nacht. In dieser Nacht offenbart sich das transzendentale Licht. Dieses Licht ermöglicht die Entstehung der transzendentalen Anschauung Hegels. Die Nacht kann nicht ohne dieses Licht existieren. Aber die Nacht existiert früher als das Licht. Und „der Unterschied beider, sowie das Heraustreten des Lichts aus der Nacht“ ist „eine absolute Differenz“.

Das Nichts als das Vergehen der wirklichen Welt geschieht durch das Vergehen der Wahrnehmung und des Denkens. Durch das Vergehen der Wahrnehmung und des Denkens offenbart sich die Nacht der Seele und in der Nacht tritt das Licht hervor. Die Region des Absoluten der Nacht ist durch das Hervortreten dieses Lichts ermöglicht. Indem eine solche Region der Nacht erscheint, wird es klar, dass „alles Sein, alle Mannigfaltigkeit des Endlichen“ durch die Tätigkeit der Wahrnehmung und des Denkens entstanden sind.

---

266 Ebd., S.108.
267 Gesammelte Werke, Bd.4, S.16.

Die oben angeführten Sätze entsprechen der Beschreibung des Anfangs im Alten Testament. In der „Genesis“ steht geschrieben: „Die Erde war wüst und leer / und es war finster auf der Tiefe / … Und Gott sprach / Es werde Licht / Und es ward Licht.“[268] Und Hegels Satz, dass das Nichts das Erste, woraus alles Sein, alle Mannigfaltigkeit des Endlichen hervorgegangen ist, entspricht der „creatio ex nihilo“ im Christentum. Wir können sagen, dass der Anblick, den Hegel auf dem tiefsten Grund der Seele erfahren hat, für ihn genau so war wie in der Genesis beschrieben.

5

Wie oben schon erwähnt, vergeht die wirkliche Welt, wenn die Wahrnehmung und das Denken vergehen. Dort hat sich die Region des Absoluten d. i. die Nacht geöffnet. Das Nichts als das Vergehen der wirklichen Welt geschieht durch das Vergehen der Wahrnehmung und des Denkens. Wohin ist dann die verschwundene wirkliche Welt gegangen? Hegel denkt, sie ist vernichtet in dieser Nacht zurückgegangen („Das Seiende ist in dieser Nacht zurückgegangen.“[269]). und versinkt in dem Nichts („Alles Sein versinkt in dem Abgrund des Nichts.“[270]). Deshalb ist Nacht und Nichts „die Unendlichkeit“, die durch die Vernichtung der Endlichkeit entsteht, und „der geheime Abgrund, der die Geburtsstätte der Wahrheit ist“.[271] Ferner ist die Nacht auch „die absolute Möglichkeit von allem, das Chaos, das … alles in seiner Vernichtung enthält“.[272] Alles ist, „ohne als Gegenstand vor die Vorstellung herausgestellt zu sein, bewußtlos.“[273] „Der Mensch ist diese Nacht, dies leere Nichts, das alles in ihrer Einfachheit enthält.“[274] Hegel nennt diese Nacht „das Innre der Natur“ und „reines Selbst“.[275]

---

268 Nach der Übersetzung von Luther.
269 Gesammelte Werke, Bd.8, S.187.
270 Ebd., Bd.4, S.413.
271 Ebd.
272 Ebd., Bd.8, S.83.
273 Ebd., S.186, S.187.
274 Ebd., S.187.
275 Ebd.

Anschließend an die oben angeführten Sätze in der *Differenzschrift* schreibt Hegel:

> „Die Aufgabe der Philosophie besteht aber darin, diese Voraussetzungen zu vereinen, das Sein in das Nichtsein – als Werden, die Entzweiung in das Absolute als dessen Erscheinung, das Endliche in das Unendliche – als Leben zu setzen."[276]

In der *Differenzschrift* erwähnt Hegel die Einsicht des Zeitalters, dass das Leben des Menschen durch den Verstand zerrissen, versteinert und erstarrt ist. Er sagt, aus diesen Zeitumständen entsteht „das Bedürfnis nach Wiederherstellung der Totalität" und aus diesem Bedürfnis geht die Vernunft hervor.[277] Die oben angeführte Aufgabe der Philosophie liegt darin, die Totalität wiederzuherstellen. Er vertraut der Vernunft und der Spekulation den Vollzug dieser Aufgabe an.

Hegels Vernunftidee ist aus der Nacht geboren. Er sagt im schon angeführten Brief 1810: „Ich kenne aus eigner Erfahrung diese Stimmung der Vernunft." „Diese Stimmung" heißt „das Hinabsteigen in dunkle Regionen". Hegels Vernunft ist im Hinabsteigen in dunkle Regionen dem Absoluten als der Nacht begegnet. Deshalb konnte er sagen: „Die Vernunft erreicht das Absolute."[278] Die Vernunft ist unendlich, weil sie im Absoluten geboren ist, nachdem der Verstand, der beschränkt und befestigt, untergegangen ist. Sie zeigt sich als absolutes Negieren, das die Endlichkeiten des Bewusstseins überwindet, und sie ist die Kraft, die das in sich fassende Endliche darstellt. Durch diese Tätigkeit ihrer geheimen Kraft kann sie den Verstand zu seinem Untergang und zum Sich-Zerstören führen. Die Vernunft zielt auf sich selbst. „Sie erhebt sich zu sich selbst und vertraut sich allein sich selbst und dem Absoluten an, das zugleich ihr Gegenstand wird."[279] So

---

276 Ebd., Bd.4, S.16.
277 Ebd., S.15.
278 Ebd., Bd.4, S.13.
279 Ebd., S.11.

sagt Hegel: „sie erhebt sich zur Spekulation.“[280] Die Spekulation ist nichts anderes als „die Tätigkeit der einen und allgemeinen Vernunft auf sich selbst.“[281]

Zu dieser Zeit ist schon der Keim der wesentlichen Struktur des Anfangs der Logik vorhanden. In *Glauben und Wissen* sagt Hegel: „Das Erste der Philosophie ist, das *absolute* Nichts zu erkennen.“[282] In einer anderen Stelle von *Glauben und Wissen* sagt er, „für die Erkenntnis“ ist „das Sein schlechthin nicht außer dem Denken, sondern beide sind eins.“ Und Hegel nennt dies „die positive Idee“.[283] Über diese positive Idee heißt es, „sie (= die Nacht) ist die Mutter, das Bestehen, die Nahrung von allem, und das Licht die reine Form, die erst ist, Sein hat, in ihrer Einheit mit der Nacht“, und „die Wahrheit ist die Einheit beider.“[284] Der Unterschied des Lichts und der Nacht ist, wie in der *Differenzschrift* gesagt, „die absolute Differenz“. Die Nacht ist das Nichts und das Licht ist das Sein (= das Denken). Die Nacht existiert eher als das Licht. Die Nacht (= das Nichts) kann ohne das Licht (= das Sein = das Denken) als die Nacht (= das Nichts) existieren. Und der Unterschied (die Differenz) der Nacht (des Nichts) und des Lichts (des Seins = des Denkens) ist absolut. In der *Differenzschrift* sagt Hegel, „das Nichts ist das Erste“. Das bedeutet, dass das Nichts eher „als alles Sein, alle Mannigfaltigkeit des Endlichen“ existiert. Die Aufgabe des Anfangs der Logik besteht darin, das Nichts zu erkennen. Weil es sich am Anfang der Logik um das Erkennen des Nichts handelt, kommt das Sein als das Erste vor dem Nichts.

6

In der *Phänomenologie des Geistes* (1807) hat das Wort „Nacht“ auch eine tragende Bedeutung. Hegel schreibt, „in der Nacht ward die Substanz verraten und machte sich zum Subjekt“ und die Nacht ist „die reine Gewißheit seiner selbst“.[285] Die Offenba-

280 Ebd.
281 Ebd., S.12.
282 Ebd., S.398.
283 Ebd., S.413.
284 Ebd., Bd.8, S.83.
285 Ebd., Bd.9, S.377.

rung der Substanz in der Nacht ist durch das Licht ermöglicht. Das Licht, das in der Nacht auftritt, worin alle Subjekte vergangen sind, ist die absolute Subjekt. Hegels Entschluss, „das Wahre nicht als *Substanz*, sondern eben sosehr als *Subjekt* aufzufassen und auszudrücken", ist aus der Gewissheit der Nacht und des Lichts entstanden.[286]

Das Zurückkehren in die Nacht geschieht, wie in der *Differenzschrift* erwähnt, durch den Untergang des Verstandes. Darüber sagt Hegel in der *Phänomenologie des Geistes* „das Übersicht-Vergessen". Zitieren wir seine Sätze:

> „Statt in den immanenten Inhalt der Sache einzugehen, übersieht er (= der formelle Verstand) immer das Ganze und steht über dem einzelnen Dasein, von dem er spricht, d. h. er sieht es gar nicht. Das wissenschaftliche Erkennen erfordert aber vielmehr, sich dem Leben des Gegenstandes zu übergeben oder, was dasselbe ist, die innere Notwendigkeit desselben vor sich zu haben und auszusprechen. Sich so in seinen Gegenstand vertiefend, vergißt es jener Übersicht, welche nur die Reflexion des Wissens aus dem Inhalte in sich selbst ist."[287]

„Sich dem Leben des Gegenstandes zu übergeben", „die innere Notwendigkeit desselben vor sich zu haben" oder „sich in seinen Gegenstand zu vertiefen"; dies heißt, mit den Worten aus der Jenaer Zeit, „das Innre der Natur" zu erreichen. Das ist durch „das Übersicht-Vergessen" möglich. Dieses Wort Hegels bedeutet dasselbe wie Heideggers Wort „den Verstand zu verabschieden".

In *der Enzyklopädie* sagt Hegel, „der menschliche Geist vermag sich über das ausschließlich mit der sinnlich gegenwärtigen Einzelheit beschäftigte Wissen zu erheben."[288] Dieses Erheben des menschlichen Geistes ist durch den folgenden Sprung des Denkens möglich.

286 Ebd., S.18.

287 Ebd., S.39.

288 Werke in zwanzig Bänden, Bd.10, S.147.

> „Das *Erheben* des Denkens über das Sinnliche, das *Hinausgehen* desselben über das Endliche zum Unendlichen, der *Sprung*, der mit Abbrechung der Reihen des Sinnlichen ins Übersinnliche gemacht werde, alles dieses ist das Denken selbst, dies Übergehen ist *nur Denken*."[289]

Dieses Übergehen, nämlich das Hinausgehen des Denkens über das Endliche zum Unendlichen, ist nichts anders als die Übersicht des Verstandes zu vergessen (den Verstand zu verabschieden bei Heidegger). Der Verstand wandert nur unendlich im Endlichen. Wie wir schon gesehen haben, sagt Hegel, „der Jugend muß zuerst das Sehen und Hören vergehen, sie muß vom konkreten Vorstellen abgezogen, in die innere Nacht der Seele zurückgezogen werden." „Die unendliche Bestimmtheit, die die Vernunft sucht, ist in der Welt, wenngleich in sinnlich einzelner Gestalt, nicht in ihrer Wahrheit."[290] Und das Absolute ist, aber „nicht für die Sinne, sondern nur für den Geist und Gedanken."[291] Wie schon angeführt, macht Hegels Denken nicht nur „die allgemeine Substanz des Geistigen", sondern auch „die Substanz der äußerlichen Dinge aus. Sein Denken, das „das wahrhaft Allgemeine alles Natürlichen und auch alles Geistigen" ist, „greift es über alles dieses über und ist die Grundlage von allem."

7

Das absolute Wissen, das das Ziel der *Phänomenologie des Geistes* ist, ist das Absolute, das in *Differenzschrift* erwähnt ist. Was das Absolute anschaut, ist natürlich nicht die sinnliche Anschauung, sondern die transzendentale. Wie schon angeführt, sagt Hegel, das Absolute sei die Nacht und das Licht trete aus der Nacht heraus. Durch die Erleuchtung dieses Lichts kann die Nacht als die Nacht existieren. Dieses Licht ist gerade die transzendentale Anschauung. Hegel nennt sie auch die absolute Anschauung. Diese Anschauung ist absolut, weil es dort kein Subjekt gibt, das

---

289 Gesammelte Werke, Bd.20, S.87.

290 Werke in zwanzig Bänden, Bd.8, S.109.

291 Ebd., S.78.

die Sache vergegenständlichen kann. Die Nacht als das Absolute existiert durch diese Anschauung. „Die ursprüngliche Identität" oder „die absolute Identität" entsteht auch durch diese Anschauung. Und sie ist die Grundlage der Entstehung von Vernunft und Spekulation. Hegel sagt:

> „Dadurch, daß die Anschauung transzendental wird, tritt die Identität des Subjektiven und Objektiven, welche in der empirischen Anschauung getrennt sind, ins Bewußtsein."[292]

> „In der transzendentalen Anschauung ist alle Entgegensetzung aufgehoben, aller Unterschied der Konstruktion des Universums durch und für die Intelligenz und seiner als ein Objektives angeschauten, unabhängig erscheinenden Organisation vernichtet. Das Produzieren des Bewußtseins dieser Identität ist die Spekulation, und weil Idealität und Realität in ihr eins ist, ist sie Anschauung."[293]

Die Spekulation ist „die Tätigkeit der einen und allgemeinen Vernunft auf sich selbst".[294] Und in dem Zitat heißt es, sie produziert das Bewusstsein der Identität des Subjektiven und Objektiven und deshalb ist sie Anschauung. (Nach der *Differenzschrift* gebraucht Hegel den Ausdruck „die tranzendentale Anschauung" nicht mehr. Sie ist in den Ausdruck „die Spekulation" aufgenommen.)

Alles dieses geschieht in „der Nacht der Seele". Wir führen aus der *Differenzschrift* noch eine Stelle an.

> „Die Spekulation fordert in ihrer höchsten Synthese des Bewußten und Bewußtlosen auch die Vernichtung des Bewußtseins selbst, und die Vernunft versenkt damit ihr Reflektieren der absoluten Identität und ihr Wissen und sich selbst in ihren eigenen Abgrund, und in dieser Nacht

---

292 Gesammelte Werke, Bd.4, S.27, S.28.

293 Ebd., S.28.

294 Ebd., S.12.

> der bloßen Reflexion und des räsonierenden Verstandes, die der Mittag des Lebens ist, können sich beide begegnen.“[295]

Im Zitat gibt es das Wort „Abgrund“. Wir müssen uns an die Worte „das Hinabsteigen in dunkle Regionen“ im Brief vom 27.5.1810 erinnern. Die Nacht ist die Nacht, wo die bloße Reflexion und der Verstand vernichtet sind. Nach Hegel begegnen sich die Vernunft und die Spekulation in dieser Nacht, die der Mittag des Lebens ist.

8

Ich habe oben gesagt, das absolute Wissen in der *Phänomenologie des Geistes* ist das Absolute in der *Differenzschrift*. Bevor wir diesen Zusatz beenden, möchte ich noch ein Wort hinzufügen. Am Ende der *Phänomenologie des Geistes* erwähnt Hegel die Geschichte als Entäußerung des absoluten Wissens. Die Geschichte ist „das *wissende*, sich *vermittelnde* Werden – der an die Zeit entäußerte Geist“. Hegel sagt von dem Geist:

> „Indem seine Vollendung darin besteht, das, was *er ist*, seine Substanz, vollkommen zu *wissen*, so ist dies Wissen sein *Insichgehen*, in welchem er sein Dasein verläßt und seine Gestalt der Erinnerung übergibt. In seinem Insichgehen ist er in der Nacht seines Selbstbewußtseins versunken, sein verschwundenes Dasein aber ist in ihr aufbewahrt, und dies aufgehobene Dasein, – das vorige, aber aus dem Wissen neugeborene, – ist das neue Dasein, eine neue Welt und Geistesgestalt.“[296]

Um seine Substanz vollkommen zu wissen, geht der endliche Geist in sich. In seinem Insichgehen verschwindet sein Dasein und er ist in der Nacht seines Selbstbewusstseins versunken. Durch die Vernichtung seines Daseins in der Nacht begegnet der Geist dem

295 Ebd., S.23.
296 Gesammelte Werke, Bd.9, S.433.

Absoluten. Hegel sagt, so verwirklicht sich der absolute Geist d. h. der sich als Geist wissende Geist (= das absolute Wissen).

Zusatz zu dem Zusatz zum Text

a. In Bezug auf das Wort Hegels „die innere Nacht des Seele“

Wie schon erwähnt, nennt Hegel die Nacht „die innere Nacht der Seele“, und sie steht in enger Beziehung zu der Tradition der christlichen Mystik in Europa. Die Nacht und das Licht, von denen er hier spricht, sind der logische Ausdruck seiner Erfahrung. Als ein Beispiel christlicher Mystik führen wir Pseudo-Dionysius an.

> „‚Das heilige Dunkel‘ ist das unzugängliche Licht, in dem, wie die Schrift sagt (1. Tim. 6, 16), Gott seine Wohnung hat. Unsichtbar wegen seiner überstrahlenden Helle, unzugänglich wegen der Überfülle des aus ihm strahlenden überwesentlichen Lichtes; wer Gott zu erkennen und zu sehen gewürdigt wird, tritt in dieses (Dunkel) ein.“[297]

Der Titel des ersten Kapitels seines Werks „*Der Mystischen Theologie*“ heißt „Was das göttliche Dunkel ist“. Seinen Schüler Timotheus anredend, bemerkt Pseudo-Dionysius dort über den Zugang zu diesem göttlichen Dunkel folgendes.

> „Du aber, lieber Timotheus, wenn Du Dich um die mystische Schau strebend bemühst, verlaß die sinnliche Wahrnehmung und die Denktätigkeit, alle Sinnendinge und Denkinhalte, alles Nicht-Seiende und Seiende, und strebe erkenntnislos zum Geeintwerden – soweit dies möglich ist – mit dem über allem Sein und Erkennen Liegenden empor. Denn durch das von allem Gehaltenwerden freie

297 *v. Brief.* Zitat aus *Geschichte der Philosophie in Text und Darstellung, Bd. 2, Mittelalter*, Reclam, S.163.

und rein von allem gelöste Heraustreten (‚Ekstase') aus Dir selbst wirst Du, alles von Dir abtuend und von allem gelöst, zum überwesentlichen Strahl des göttlichen Dunkels emporgehoben werden."[298]

Lesen wir noch einmal die schon angeführten Sätze Hegels.

„Der Jugend muß zuerst das Sehen und Hören vergehen, sie muß vom konkreten Vorstellen abgezogen, in die innere Nacht der Seele zurückgezogen werden."[299]

Das Vergehen des Sehens und Hörens, von dem Hegel spricht, ist die Wahrnehmung auszuschalten. Das Wort Mystik stammt aus dem griechischen Wort *myein*. Dieses Wort bedeutet „>die Augen schließen<, um alle sinnliche Wahrnehmung auszuschalten und statt ihrer zur inneren, göttlichen Erleuchtung zu gelangen".[300] Die innere Nacht der Seele bei Hegel entspricht dem übersinnlichen göttlichen Dunkel bei Pseudo-Dionysius. In der *Enzyklopädie* §82, *Zusatz* sagt Hegel, das Spekulative ist „dasselbe, was früher, zumal in Beziehung auf das religiöse Bewußtsein und dessen Inhalt, als das *Mystische* bezeichnet zu werden pflegte".[301] Und er sagt auch, „das Spekulative ist nichts anderes als das Vernünftige"[302] und ferner „das Mystische ist allerdings ein Geheimnisvolles, jedoch nur für den Verstand".[303] Am Ende dieses *Zusatzes* sagt er zusammenfassend:

„Alles Vernünftige ist somit zugleich als mystisch zu bezeichnen, womit jedoch nur so viel gesagt ist, daß dasselbe über den Verstand hinausgeht, und keineswegs, daß

298 Ebd., S.156.
299 Gesammelte Werke, Bd.10, S.830.
300 Vgl. J.Hoffmeister, Wörterbuch der philosophischen Begriffe.
301 Werke in zwanzig Bänden, Bd.8, S.178.
302 Ebd., S.177, S.178.
303 Ebd., S.178, S.179.

> dasselbe überhaupt als dem Denken unzugänglich und unbegreiflich zu betrachten sei“.[304]

Die Nacht des Dichters Novalis, des Zeitgenossen Hegels, ist auch die übersinnliche Nacht, die sich dort offenbart, wo alle sinnliche Wahrnehmung vergangen ist. Über das Licht, das in dieser Nacht erscheint, sagt er „Ekstase – Innres Lichtphaenomen = intellectualer Anschauung “.[305] Über dieses Licht sagt er in den *Hymnen an die Nacht*, „die unendlichen Augen, die die Nacht in uns geöffnet“.[306]

Ein Gedicht in dem *Stunden-Buch* Rilkes beginnt mit dem Vers; „Du Dunkelheit, aus der ich komme“ und endet mit dem Vers; „Ich glaube an Nächte“.[307]

Was in der Grunderfahrung des Nichts bei Heidegger geschieht, ist „die helle Nacht des Nichts der Angst“.[308] Diese Nacht entsteht durch die Vernichtung des Verstandes. In §28 von *Sein und Zeit* gibt es eine Stelle, wo er vom „lumen naturale“ spricht. Sie lautet;

> „Die ontisch bildliche Rede vom lumen naturale im Menschen meint nichts anderes als die existenzialontologische Struktur dieses Seienden, daß es *ist* in der Weise, sein Da zu sein. Es ist >erleuchtet<, besagt: an ihm selbst *als* In-der-Welt-sein gelichtet, nicht durch ein anderes Seiendes, sondern so, daß es selbst die Lichtung ist.“[309]

Heidegers „lumen naturale“ ist nichts anderes als „die Helle“ in der hellen Nacht des Nichts der Angst. Er sagt auch, der Mensch verwandelt sich in der Grunderfahrung des Nichts in

---

304 Ebd., S.179.
305 Novalis Werke, Hanser, Bd.2, S.682.
306 Ebd., Bd.1, S.151.
307 Rilke Sämtliche Werke, Insel Taschenbuch, I, S.258, S.259.
308 Heidegger Gesamtausgabe, Vittorio Klostermann, Bd.9, S.114.
309 Ebd., Bd.2, S.177.

sein Da-sein.[310] Das Da des Da-seins bezeichnet die Offenheit des Seins. Das Sein ist im Da offen. Mit anderen Worten, bedeutet das, dass das Nichts da ist. Da- sein offenbart sich durch die Helle der Nacht erleuchtet in der hellen Nacht des Nichts der Angst. Statt des Wortes >Bewußtsein< gebraucht Heidegger das Wort >Da-sein<.[311]

„Das natürliche Licht" bei Descartes ist die Anschauung und das Licht gewährleistet als die Anschauung die Sicherheit des Seins des menschlichen Selbstbewusstseins. Bei Heidegger ist es das Licht, das durch das Vergehen des Bewusstseins (den Verstand verabschieden) erscheint, wie sein Ausdruck „das Sichbefinden inmitten des Seienden im Ganzen" besagt.

b. In Bezug auf das Wort Hegels „das Innre der Natur"

Hegels Wort „das Innre der Natur" erinnert uns an die Worte „das Innere der Dinge" Hofmannsthals, „den Weltinnenraum" Rilkes oder „In-der-Welt-sein" Heideggers. Es gibt zwischen ihnen die Gemeinsamkeit, dass sie alle in ihrem Leben die Vernichtung des Verstandes d. i. des gegenständlichen Denkens, das von außen die Natur übersieht, erfahren haben

310 Ebd., Bd. 9, S.113.
311 Ebd., S.373.

Vom Zusammenbruch des denkenden Ich

A. Hofmannsthal und Rilke – der Zusammenbruch des Geistes

„Jeder Dichter gestaltet unaufhörlich das *eine* Grunderlebnis seines Lebens.“[312] Das sind die Worte Hugo von Hofmannsthals (1874-1929). Auch er selbst gestaltet unaufhörlich sein *eines* Grunderlebnis in seinen Werken. Was für ein Erlebnis ist das denn?

Das ist, mit einem Wort gesagt, das Erlebnis des Zusammenbruchs des denkenden Geistes. Zitieren wir aus seinen Werken zwei Sätze.

> „Der Begriff Europa: Wir sind mit ihm groß geworden. Sein Zusammenbruch für uns ein erschütterndes Erlebnis.“[313]

> „Einmal offenbart sich jedes Lebende, einmal jede Landschaft, und völlig: aber nur einem erschütterten Herzen.“[314]

Diese Sätze hat Hofmannsthal zu verschiedenen Gelegenheiten in seinen späteren Jahren erzählt. Seine Jugendzeit ist gerade das Ende des neunzehnten Jahrhunderts, in dem die europäische Weltanschauung der Krise des Zusammenbruchs gegenübersteht. Der erste Satz zeigt, dass sein individuelles Erlebnis mit dem Geistesumständen der Zeit übereinstimmt. Dieser Satz gehört zu seinen Worten, die er während des ersten Weltkriegs geäußert

312 Hugo von Hofmannsthal Gesammelte Werke in zehn Einzelbänden, Fisher Taschenbuch, Bd.2166, S.207. Unten wird das so gezeigt wie Bd.2166, S.207.

313 „Die Idee Europa“ 1917, Bd.2167, S.43.

314 „Augenblicke in Griechenland“ 1912, Bd.2165, S.617.

hat. Der Ausbruch des ersten Weltkriegs hat der europäischen Geisteswelt einen bedenklichen Stoß gegeben („Der Untergang des Abendlandes“ von Spengler ist 1918 erschienen). Der Verfall der Idee „Europa“, den man dunkel geahnt hat, hat sich in Gestalt des ersten Weltkrieges schrecklich verwirklicht. Das Kriegsfeuer hat sich augenblicklich schnell über das ganze Europa ausgedehnt und ist bis an die anderen Kontinente gelangt, die Kolonien der europäischen Mächten geworden sind.

Und endlich hat sich Amerika am Krieg beteiligt. Der Umfang des Kriegsfeuers, das die ganze Erde bedeckt hat, war sehr groß. Ferner haben die hoch entwickelte Wissenschaft und Technik zu starken Waffen und zur Produktionssteigerung geführt und alle Nationen mobilisiert. So ist ein unterschiedsloses Blutbad von Kombattanten und Nichtkombattanten entstanden.

Den Zusammenbruch des Geistes, der im zweiten Satz ausgedrückt ist, hat Hofmannsthal schon im Wendepunkt des Jahrhunderts erlebt. Sein Erlebnis besteht darin, dass seine Seele von Grund aus erschüttert worden ist. Das Wort „erschüttern“ ist auch im ersten Satz als Partizip Präsens gebraucht. Was für einen Sachverhalt drückt dieses Wort aus? Wir müssen sein Erlebnis genauer überprüfen.

Die Werke, in denen Hofmannsthal sein Erlebnis unmittelbar ausdrückt, sind „Ein Brief“ und „Die Briefe des Zurückgekehrten„(insgesamt fünf Briefe, besonders „Der vierte Brief“ und „Der fünfte Brief“). Beachtenswert ist, dass jedes Werk im Briefstil geschrieben ist. Über das Erlebnis kan man prinzipiell nur in der Ichform erzählen.

„Ein Brief“ ist 1902 veröffentlicht. Aber die Zeit, in der dieser Brief geschrieben ist, wird als am Anfang des siebzehnten Jahrhundert vorgestellt. Am 22. August 1603 hat ein erdichteter sechsundzwanzigjähriger englischer junger Edelmann namens Philipp Lord Chandos an den berühmten englischen Philosophen Francis Bacon (1561-1626) einen Brief geschrieben. Francis Bacon ist einer der repräsentativen Philosophen, die die moderne europäische Weltanschauung begründet haben. Dieser Brief ist ein Abschiedsbrief an Francis Bacon. Hofmannsthal, der dieses Werk im Briefstil geschrieben hat, war damals gerade sechsundzwanzig Jahre. Der Verfasser selbst nimmt nämlich in der Gestalt von Lord Chandos im siebzehnten Jahrhundert von Francis Bacon Abschied.

Der Verfasser Hofmannsthal lässt in diesem Brief Chandos schreiben, dass Francis Bacon einen „ungeblendeten Blick" hat. Dieser Blick beweist die „unendliche geistige Überlegenheit" und vor dem Blick breiten sich „die Reiche der geistigen und leiblichen Erscheinungen" „harmonisch" aus.[315] Damit sich die Reiche der geistigen und leiblichen Erscheinungen harmonisch ausbreiten können, bedarf es eines Gesichtspunktes, der sie harmonisch erfasst. Das ist der Gesichtspunkt, der der modernen europäischen Weltanschauung zugrunde liegt.

Wie der oben zitierte erste Satz zeigt, ist Hofmannsthal bewusst, dass sein Geist durch den europäischen Geist erzogen ist. Darüber hat der Verfasser in dem Brief auch Chandos schreiben lassen, dass Bacon „der größte Wohltäter meines Geistes" ist. Und Hofmannsthal drückt „alle die Liebe und Dankbarkeit, alle die ungemessene Bewunderung" aus.[316] Trotzdem sagt er, dass er sich von Bacon verabschieden muss. Warum muss er sich von Bacon verabschieden? Als den Grund dafür zeigt er einen unerklärlichen geistigen Zustand auf, den man fast „eine Krankheit des Geistes" nennen kann.[317] Chandos versinkt jetzt in der „geistigen Starrnis".[318] Das wird dadurch verursacht, dass seine Denkfähigkeit verlorengegangen ist. Er schreibt: „Es ist mir völlig die Fähigkeit abhanden gekommen, über irgend etwas zusammenhängend zu denken oder zu sprechen."[319] Deshalb kann er „kein Urteil herausbringen."[320] Warum ist solche geistige Lage entstanden? Weil die Worte als Begriffe aufgelöst sind. Und er gerät jetzt in eine Art von Aphasie. Vom hausbackenen alltäglichen Gespräch schreibt er: „Mein Geist zwang mich, alle Dinge, die in einem solchen Gespräch vorkamen,

315 Bd.2165, S.472.
316 Ebd.
317 Ebd., S.462.
318 Ebd., S.461.
319 Ebd.,S.465.
320 Ebd.

in einer unheimlichen Nähe zu sehen."[321] Er kann sie mit dem vereinfachenden Blick der Gewohnheit nicht erfassen. Der Geist des Chandos hat den gewohnheitsmäßigen Abstand, der zwischen ihm und allen Dingen (Gegenständen) liegt, verloren. So schreibt er auch: „Es zerfiel mir alles in Teile, die Teile wieder in Teile, und nichts mehr ließ sich mit einem Begriff umspannen."[322]

Wenn der Abstand zu den Dingen verlorengeht, mit anderen Worten, wenn man sich den Dingen extrem nähert, werden die Details der Dinge für den Blick, der sie anblickt, äußerst vergrößert aussehen. Dann werden die Worte für den Blick mit den Dingen nicht mehr übereinstimmen, weil die Worte als Begriffe strukturiert sind, und um sich zu strukturieren, einen bestimmten Abstand zu den Dingen haben müssen. Wenn der Abstand verloren geht, indem sich der Blick den Dingen extrem nähert, werden die Worte von den Dingen außer Kraft gesetzt. Für Chandos verlieren die Worte ihren Gehalt und lösen sich auf. Die Worte, die ihr übereinstimmendes Verhältnis zu den Dingen verloren haben, schwimmen um ihn und fangen an zu wirbeln. „Wirbel sind sie, in die hinabzusehen mich schwindelt, die sich unaufhaltsam drehen und durch die hindurch man ins Leere kommt."[323] Zu diesem Wirbel aber geben die Worte selbst keinen Anlaß. Die Ursache dafür ist, dass die Denkfähigkeit (das moderne gegenständliche Denken = der Verstand) verlorengegangen ist. Warum hat der Geist des Chandos den Abstand verloren, der gewohnheitsgemäß zwischen ihm und den Dingen existiert?

Die Antwort darauf ist, dass er den Gesichtspunkt, der den Abstand zu den Dingen erhält, nämlich, den vergegenständlichenden Gesichtspunkt verloren hat. Dieser Gesichtspunkt ist gerade derjenige, der der modernen europäischen Weltanschauung zugrunde liegt. Hegel sagt: „Der europäische Geist setzt die Welt sich gegenüber, macht sich von ihr frei".[324] Indem der moderne europäische Geist sich auf Grund dieses Gesichtspunktes von der Welt frei

321 Ebd., S.466.
322 Ebd.
323 Ebd.
324 Werke in zwanzig Bänden, Bd.10, S.62.

macht, vergegenständlicht er die Welt. So überblickt er die Welt, die ihm gegenüber steht. Um die Welt zu überblicken, muss das Denken, das die Welt vergegenständlicht, bei dem Gesichtspunkt tätig sein. Und so stellt sich das Denken auf diesen Punkt und übersieht die Welt harmonisch. Das ist der Ort des modernen Ich. Dieses Ich stellt als gegenständliches Denken die Sinnlichkeit, die mit ihm zusammen tätig ist, an seinem Ort fest. Infolgedessen wird die Sinnlichkeit ins Denken integriert und an demselben Ort tätig. So vergegenständlicht das Denken alle Dinge, indem es den Abstand zu ihnen erhält.

Die Denkfäigkeit zu verlieren heißt, dass der Gesichtspunkt des gegenständlichen Denkens zusammenbricht. Das Denken schwebt, indem es den Halt seines Stützpunktes, der alle Dinge vergegenständlicht, verliert, und die Integrierung der Sinnlichkeit zusammenbricht. Was entsteht dann? Wie Hofmannsthal in dem vierten Brief des Zurückgekehrten erzählt, verlieren die Dinge ihre Realität und zeigen sich „gespenstisch".[325] Wenn der Gesichtspunkt des gegenständlichen Denkens zusammenbricht und die Denkfähigkeit verlorengeht, entsteht nicht nur ein Verlust an Realitätssinn. In demselben Brief erzählt Hofmannsthal, dass der „Wirbel" und der „Schwindel" dann auch auftreten.[326] Wie schon bemerkt, berichtet Hofmannsthal in „Einem Brief" auch von dem Wirbel und dem Schwindel. Der Wirbel und der Schwindel. Welcher von den beiden tritt zuerst auf? Die Antwort ist der Wirbel. Es schwindelt, weil es wirbelt. Und nicht umgekehrt.

Fragen wir weiter! Warum wirbelt das Denken, wenn die Denkfähigkeit verloren geht? Man kann erfahren, dass ein Fixstern anfängt, zu kreisen, wenn man auf ihn starrt. Der Fixstern selbst kreist nicht. Physiologisch erklärt man, dass dieses Phänomen wegen einer Art Kreisbewegung verursacht wird, die es in unserm Leib (in unserm Sehorgan) gibt. Damit die Wahrnehmung zustande kommt, braucht sie eine Art Bewegung. Zum Beispiel, wenn ein Finger einen Gegenstand berührt, wird der berührte Gegenstand durch den Tastsinn wahrgenommen. Aber wenn

325 Bd.2165, S.561.
326 Ebd.

man den Finger still hält, hört der Tastsinn auf zu arbeiten. Die Kreisbewegung, die es in unserm Sehorgan gibt, ist wahrscheinlich eine Art von Bewegung, um unsern Gesichtssinn zustande kommen zu lassen.

Das ist zwar die Erklärung der Kreisbewegung, aber keine Erklärung, warum die Kreisbewegung auftritt. Die Kreisbewegung des Fixsterns tritt dadurch auf, dass wir dann in der tiefen Dunkelheit stehen. Die Dunkelheit beraubt uns des stabilen Bodens, der unbewusst unserm Geist Halt gibt. Der Verlust der Denkfähigkeit ist der Wirkung der Dunkelheit ähnlich, die auf unsern Geist einwirkt. Durch den Verlust der Denkfähigkeit verliert unser Geist seine Stabilität und alle Dinge fangen an zu wirbeln. Dieser Wirbel ist zwar eine Kreisbewegung, die aus dem Leib stammt, aber hat keine leibliche Ursache. Der Wirbel tritt durch den Verlust der Denkfäigkeit auf. Solange die Denkfähigkeit besteht, ist diese leibliche Kreisbewegung als unbewusste Bewegung im Leib unterdrückt. Wenn die Denkfähigkeit verlorengeht und die Unterdrückungskraft des Denkens verschwindet, erscheint die leibliche Bewegung. Das ist der Wirbel. Und dieser Wirbel ist das Vorzeichen, dass das Leibliche auftritt.

Bei Hofmannsthal kommen, wie Chandos schreibt, die Augenblicke, in denen das Leibliche auftritt, „irgendeine Erscheinung meiner alltäglichen Umgebung mit einer überschwellenden Flut höheren Lebens wie ein Gefäß erfüllend."[327] Dann gerät Chandos in das „rätselhafte, wortlose, schrankenlose Entzücken" und erfüllt ihn das „unbenannte selige Gefühl "[328] In diesen Augenblicken, schreibt Chandos, steht er in der „mich und die ganze Welt durchwebenden Harmonie"[329] und „ich kaum weiß, ob ich diese sonderbare Zufälle dem Geist oder dem Körper zurechnen soll."[330] Der europäische Geist ist der Geist, der die Welt als Gegenstand überblickt. Die Welt als Gegenstand zu überblicken heißt, wie schon bemerkt, dass Ich die Welt sich gegenübersetze,

327 Ebd., S.467.
328 Ebd., S.470.
329 Ebd., S.469.
330 Ebd., S.470.

indem Ich sich von ihr frei mache. Der europäische Geist, der sich außerhalb der Welt aufgebaut ist, überblickt die Welt, auf dem festen und unbeweglichen Standpunkt stehend. Descartes nennt bekanntlich diesen Standpunkt „einen Archimedischen Punkt".[331] In der Tradition der modernen Weltanschauung, die über 450 Jahren dauerte, bleiben alle Dinge solchem Blick ausgesetzt, der aus dem außerhalb der Welt stehenden Standpunkt stammt. Der Leib wird auch durch diesen Blick angeblickt und mit dem Körper identifiziert. Durch diesen traditionellen Blick wird der Leib entfremdet und die Geistigkeit, die der Leib hat, wird ausgeschlossen. Hofmannsthal nennt solchen Blick, der die Geistigkeit in den Körper einschließt, „den bösen Blick".[332] Der böse Blick schädigt den Gegenstand, den er ansieht. Es ist überliefert, dass die berühmten Augen der Medusa den Gegenstand, den sie ansieht, in Stein verwandelt haben.

Was uns zwingt, die Dinge von außen anzublicken, ist die Denkfähigkeit, die von den Dingen Abstand nimmt und sie von außen vergegenständlicht, und die Sinnlichkeit, die mit ihr zusammen tätig ist. Durch das gegenständliche Denken und die mit ihm zusammen tätige Sinnlichkeit erscheinen die Dinge, in Raum und Zeit beschränkt, als die endlichen. Wenn die Denkfähigkeit vergeht, geht auch die Empfindungskraft verloren und vergeht die Tätigkeit, die Dinge als die endlichen zu beschränken. Dieses Vergehen ereignet sich in der Weise, die Endlichkeit zu durchbrechen, so tritt das Unendliche „plötzlich in irgendeinem Moment" auf.[333] Chandos schreibt, das sind die Augenblicke, in denen „irgendeine Erscheinung meiner alltäglichen Umgebung" „mit einer überschwellenden Flut höheren Lebens"[334] und er durch das „rätselhafte, wortlose, schrankenlose Entzücken" und das „unbekannte selige Gefühl "[335] erfüllt wird. Und dann verschwindet der Unterschied des Ich und der Welt, des Geistes und

331 PhB., Bd.598, S.27.
332 Bd. 2165, S. 562, S. 563
333 Ebd., S.467.
334 Ebd.
335 Ebd., S.470.

des Leibes und das ganze Dasein des Chandos fließt in die Flut des überschwellenden Lebens ein. Dieses „höhere Leben“ ist das unendliche Leben. Indem Chandos in dieses Leben einfließt, das die Dinge erfüllt, die bis dahin entfremdet waren, versöhnt er sich in diesem Leben mit den Dingen und wird eins mit ihnen.

Woher quellt denn das unendliche Leben? Um diese Frage zu beantworten, gibt uns die Reisebeschreibung „Augenblicke in Griechenland“ (1909-1914) einen wichtigen Anhaltspunkt. Hofmannsthal erlebt im Akropolis-Museum „ein namenloses Erschrecken“. Darüber schreibt er folgendermaßen.

> „Es kam nicht von außen, sondern irgendwoher aus unmeßbaren Fernen eines inneren Abgrundes.“[336]

Durch dieses Erschrecken überfällt ihn das ewig Unendliche. Das Unendliche kommt „aus unmeßbaren Ferne eines inneren Abgrundes.“ Chandos vergleicht dessen Auftreten mit einer überschwellenden Flut höheren Lebens. Auch am Ende des fünften Briefs des Zurückgekehrten schreibt der Zurückgekehrte, wie er mit den entfremdeten Dingen eine intime Verbindung aufgenommen hat. Dort vergleicht er das Auftreten des Unendlichen mit „einer Welle der Liebe“.

> „Wenn das, was immer stumm vor mir liegt und verschlossen und nichts als Wucht und Fremdheit, wenn das sich auftut und wie in einer Welle der Liebe mich mit sich selber in eines schlingt. Und bin ich dann nicht im Innern der Dinge so sehr ein Mensch.“[337]

Der Zurückgekehrte schreibt „im Innern der Dinge“. Der Ursprung, aus dem das Unendliche quellt, ist „das Innere der Dinge“. Und das Unendliche kommt, wie schon bemerkt, „aus unmeßbaren Ferne eines inneren Abgrundes“. Beides („das Innere der Dinge“ und „die unmeßbare Ferne eines inneren Abgrundes“) sind

336 Ebd., S.624.
337 Ebd., S.570.

nicht ein verschiedener, sondern ein gleicher Ort. „Die unmeßbare Ferne „ist der Ort, wo man über das Innere des Herzens nach innen übergeht. Der Ort ist „fern“, weil er jenseitig weit entfernt ist. Und der Ort ist „unmeßbar“, weil es die Abstand messende Fähigkeit nicht gibt, wo die Fähigkeit des Denkens und der Wahrnehmung vergeht.

Übrigens fällt das Erlebnis Hofmannsthals mit dem des Augustinus zusammen. Augustinus (354-430) schreibt, wie folgt, über den Ort Gottes, den er in seinem Erlebnis der Bekehrung erkannt hat.

> „Du aber warst noch innerer als mein Innerstes und höher noch als mein Höchstes.“[338]

Bei Beiden gibt es ein gemeinsames mystisches Erlebnis. Das Innere der Dinge öffnet sich, indem man die Welt der Dinge nicht nach außen, sondern nach innen überschreitet. Sie nach außen zu überschreiten ist durch das gegenständliche Denken möglich, aber sie nach innen zu überschreiten ist möglich, indem dieses Denken vergeht (Solange dieses Denken tätig ist, muss man außerhalb der Welt der Dinge bleiben). Wenn das gegenständliche Denken vergeht, wird es dem Geist unmöglich, die Welt der Dinge nach außen zu überschreiten. Das besagt jedoch noch nicht, dass er mitten in der Dingen ist. Das Innere der Dinge ist nicht das Innere der Wahrnehmung, nämlich in der Tätigkeit der Wahrnehmung, sondern der Ort, ihre Tätigkeit nach innen zu überschreiten. Der Ort, wo man das gegenständliche Denken überschreitet, in der Weise, dass es vergeht, und wo man die Tätigkeit der Wahrnehmung nach innen überschreitet, ist „die unmeßbare Ferne eines inneren Abgrundes“. „Das Innere der Dinge“ und „die unmeßbare Ferne eines inneren Abgrundes“ sind derselbe Ort.

Wie später erwähnt wird, gebraucht der Philosoph Hegel den Ausdruck „das Innre der Natur“, der dem Ausdruck Hofmanns-

338 „Confessiones / Bekenntnisse, Lateinisch und Deutsch “, Wissenschaftliche Buchgesellschaft, S.115.

thals „das Innere der Dinge" sehr ähnlich ist. Hegels Ausdruck ist mehr als hundert Jahren früher. Und es kann sein, dass der Ausdruck Hofmannsthals durch den Ausdruck Hegels beeinflußt ist, weil wir die Spur finden können, dass Hofmannsthal Hegels Werke eifrig gelesen hat (es gibt aber keinen Beweis dafür). Doch es ist sicher, dass zwischen den beiden die geistige Verwandtschaft eines Erlebnisses besteht.

Zum Schluss erwähnen wir Rilke, der ein Zeitgenosse von Hofmannsthal ist. „Die Aufzeichnung des Malte Laurids Brigge" ist das Hauptwerk Rilkes. In ihm sagt Malte, der in Paris sehen lernt:

> „Ich weiß nicht, woran es liegt, es geht alles tiefer in mich ein und bleibt nicht an der Stelle stehen, wo es sonst immer zu Ende war. Ich habe ein Inneres, von dem ich nicht wußte. Alles geht jetzt dorthin. Ich weiß nicht, was dort geschieht."[339]

Rilke nennt diese „Stelle reinsten, tiefsten Bewußtseins"[340]„ Weltinnenraum". In einem Paragraphen von seinem Gedicht[341] tritt dieses Wort auf.

> „Durch alle Wesen reicht der *eine* Raum: / Weltinnenraum. Die Vögel fliegen still / durch uns hindurch. O, ich wachsen will, / ich seh hinaus, und *in* mir wächst der Baum."

Wir können sagen, dass „das Innere der Dinge" von Hofmannsthal und der „Weltinnenraum" von Rilke auch einem gemeinsamen Erlebnis entstammen. Das Erlebnis Hofmannsthals ist, mit einem Wort, das Erlebnis des Zusammenbruchs seines Geistes, nämlich, das Erlebnis des Zusammenbruchs des gegenständlichen Denkens. Das bedeutet, mit anderen Worten, die Auflösung des Gesichtspunktes des vergegenständlichenden Denkens. In diesem Erlebnis vereinigt sich Hofmannsthal „in unmeßbaren Fernen eines inneren Abgrundes", nämlich, „im

339 Rainer Maria Rilke Sämtliche Werke, Insel Verlag, Bd.6, S.710, S.711.
340 Ebd., S.1040.
341 Ebd., Bd.2, S.93.

Innern der Dinge", mit dem Leiblichen. Descartes sagt, dass der Geist sich in der Zirbeldrüse, die zwischen den rechten und linken Hemisphären liegt, mit dem Leib vereinigt. Aber der den Leib überschrittene Geist wird sich nie mit dem Leib vereinigen. Descartes denkt nur, dass der Geist sich in der Zirbeldrüse mit dem Leib vereinigt, und zwar außerhalb der Zirbeldrüse. Der Ort, wo der Geist sich wirklich mit dem Leib vereinigt, ist, wie Hofmannsthal sagt, in der Tiefe, wo man Geist und Leib nach innen hinaus überschritten hat.

B. Novalis und Heidegger – das Nichts der Angst

a. Novalis

Der Begriff des Nichts in der europäischen neueren Zeit drückt die Auflösung des durch Descartes begründeten gegenständlichen Denkens, mit anderen Worten, die Auflösung des Gesichtspunktes des vergegenständlichen Denkens aus. Ich habe einigermaßen ausführliches über Hofmannsthal geschrieben, weil ich umfassend den Begriff des Nichts demonstrieren wollte. Ich möchte weiter noch einiges über Novalis, Heidegger und im nächsten Abschnitt über Hegel erwähnen, um die Darstellung zu Hofmannsthal durch die Worte dieser Philosophen zu ergänzen. Zuerst zu Novalis.

Novalis, der für die Werke „Blaue Blume" und „Hymnen an die Nacht" bekannt ist, ist der Schriftstellername, den Friedrich von Hardenberg (1772-1801) in seinen späteren Jahren gewählt hat. Novalis bedeutet das neu bebaute Land. Die Fmilie von Hardenberg ist ein alter Adel in Niedersachsen und der Schriftstellername Novalis stammt aus dem Namen von seinem alten Vorfahren „de novali". Seine Vorfahren haben vor einigen hundert Jahren in Niedersachsen ein neues Land bebaut. Im Jahr 1797, in seinem fünfundzwanzigsten Lebensjahr, hat er sich entschlossen, diesen

Schriftstellernamen zu gebrauchen. Er lebte als Novalis ungefähr nur vier Jahre um die Jahrhundertwende. Er hat als Novalis geistig ein neues Land zu bebauen versucht. Der Anlass, der ihn diesen Schriftstellernamen aussuchen lässt, war seine Grunderfahrung. In einem Gedicht[342] schreibt er wie folgt:

> „Es giebt so bange Zeiten, / Es giebt so trüben Muth, / Wo alles sich von weiten / Gespenstisch zeigen thut.
> Es schleichen wilde Schrecken / So ängstlich leise her, / Und tiefe Nächte decken / Die Seele zentnerschwer.
> Die sichern Stützen schwanken, / Kein Halt der Zuversicht; / Der Wirbel der Gedanken / Gehorcht dem Willen nicht.
> Die Wahnsinn naht und locket / Unwiderstehlich hin. / Der Puls des Lebens stocket, / Und stumpf ist jeder Sinn."

Das ist ein Teil des zehnten geistlichen Liedes in seinem Werk „Geistliche Lieder" (1799). Das zehnte geistliche Lied besteht aus sieben Strophen und ich habe die ersten vier Strophen zitiert (in den folgenden drei Strophen lobt er, dass Christus ihn aus dieser Notlage erlöst.) Dieses Gedicht, so nennen wir diese ersten vier Strophen, spricht von der heftigen und radikalen Angst, in der „der Wahnsinn unwiderstehlich naht und der Puls des Lebens stocket und jeder Sinn stumpf ist". In solcher Angst tut sich „alles von weiten gespenstisch zeigen." Wie schon erwähnt, sagt Hofmannsthal auch, dass die Dinge ihre Realität verlieren und sich „gespenstisch" zeigen. Und er spricht auch von dem Wirbel des Denkens und dem Schwindel. Novalis schreibt auch, dass „der Wirbel der Gedanken dem Willen nicht gehorcht." (In diesem Gedicht sagt er nichts von dem Schwindel aber in „Die Lehrlinge zu Sais" spricht er davon). Dass „der Wirbel der Gedanken dem Willen nicht gehorcht ", redet von dem Zusammenbruch des gegenständlichen Denkens und, dass die sichern Stützen schwanken, redet von der Auflösung des Gesichtspunkt, der als sicherer Halt ermöglicht zu vergegenständlichen. In diesem Augenblick

342 NOVALIS Werke, Tagebücher und Briefe Friedrich von Hardenbergs, Carl Hanser Verlag, Bd.1, S. 192, S.193.

„ist jeder Sinn stumpf." Und indem die Tätigkeit jedes Sinnes verlorengeht, bedecken die Seele „die tiefen Nächte".

Im oben erwähnten Werk „Die Lehrlinge zu Sais " gibt es eine Stelle, wo Novalis sagt, dass „der Wahnsinn" „stufenweise Zerstörung der Denkorgane" ist.[343] Das Denken wirbelt, wie im Gedicht gesagt, und gehorcht dem Willen nicht. Gewöhnlich wirbelt das Denken natürlich nicht. Das Denken ist an dem Ort festgemacht, wo der Wille auftritt, und ist dort unter Kontrolle des Willens tätig. Wenn also das Denken normal tätig ist, steht das denkende Ich an dem Ort fest, wo der Wille auftritt, und der Gegenstand des Denkens nie schwankt. Und wenn der Sinn normal tätig ist, bleibt das Subjekt des Sinnes bei dem denkenden Ich und der Gegenstand des Sinnes steht sicher da.

Aber jetzt wirbelt das Denken und es gehorcht dem Willen nicht. Jeder Sinn ist stumpf und verliert seine Fähigkeit. Das denkende Ich verschwindet im wirbelnden Denken und der Gegenstand des Denkens schwankt. Und das Subjekt des Sinnes und dessen Gegenstand sind zusammen mit dem stumpfen Sinn verschwunden. Die Realität der Welt geht verloren und die feste Perspektive löst sich auf. Infolgedessen zeigt sich alles „von weiten" „gespenstisch". In diesem Zustand offenbart sich die „Nacht". Diese Nacht ist nicht die Nacht, die am Ende des Tages in der alltäglichen sinnlichen Welt kommt. Die Nacht in der alltäglichen Welt ist auch das Dunkel. Aber das ist das sinnliche Dunkel. In diesem Dunkel ist nämlich der Sinn tätig und nimmt als Mangel des Lichtes das Dunkel wahr. Doch die Nacht, die in der zweiten Strophe erwähnt ist, offenbart sich in dem Zustand, dass die Tätigkeit des Sinnes verlorengegangen ist. Die Tätigkeit des Sinnes selbst ist nämlich verschwunden. Diese Nacht ist das Dunkel der Seele, das sich offenbart, wo man in der Weise der Sinneskraftlosigkeit den Sinn überschritten hat. (In der europäischen christlichen mystischen Tradition gibt es eine Reihe Bemerkungen über „die Nacht der Seele". Die Nacht bei Novalis ist eine davon. Und bei Heidegger und Hegel gibt es auch, wie unten erwähnt, die gleichen Bemerkungen über die Nacht.)

---

343 Ebd., S.211.

Die Nacht heißt das Dunkel, das im Grund des menschlichen Geistes liegt. Wenn sich das Dunkel im Grund des Geistes offenbart, wird man von heftiger Furcht ergriffen. In der zweiten Strophe des Gedichtes steht der Ausdruck „wilde Schrecken" und in „Der Lehrlinge zu Sais" steht neben „Schrecken" der Ausdruck „grausen". Aber wenn die Nacht nur das grauenhafte schreckliche Dunkel ist, hat Novalis das Werk „Hymnen an die Nacht" (sechs Hymnen an die Nacht) nie geschrieben. Die Nacht hat eine andere Seite. Das ist das Licht, das aus diesem Dunkel heraus strahlt. Wenn die Fähigkeit des Denkens und des Sinnes zusammen vergeht, offenbart sich die Nacht der Seele. Im Dunkel der Nacht der Seele offenbart sich das innere Licht, das die Seele beleuchtet und ganz anders ist als das sinnliche Licht, das die Außenwelt beleuchtet. Wenn sich das innere Licht nicht offenbart, wird Novalis in Wahnsinn verfallen sein, der im Dunkel unwiderstehlich naht und ihn lockt. Er ist aber nicht in Wahnsinn verfallen, weil es die Beleuchtung des Lichtes gibt. „Hymnen an die Nacht" ist die Hymen, die er diesem inneren Licht in der Nacht der Seele widmet. Die Offenbarung dieses Lichtes bedeutet die Geburt der neuen Augen. In „Hymnen an die Nacht" nennt Novalis dieses Licht „die unendlichen Auge, die die Nacht in uns geöffnet".[344]

Was man im Licht, das diese alltägliche wirkliche Welt beleuchtet, wahrnimmt, ist das endliche Ding. Aber vor den unendlichen Augen, die die Nacht der Seele geöffnet hat, öffnet sich die „zeitlose und raumlose" unendliche Welt.[345] Wie schon oben erwähnt, hat der Schriftstellername Novalis die Bedeutung, geistig ein neues Land zu bebauen. Das Werk „Blütenstaub", das aus 114 Fragmenten besteht, ist das von ihm zuerst veröffentlichte Werk. In dem ersten Fragment des Werks steht folgendes geschrieben: „Wir suchen überall das Unbedingte, und finden immer nur Dinge."[346] Die alltägliche wirkliche Welt, in der wir leben, besteht nur aus den bedingten Dingen. So können wir das Unbedingte nur in der Welt finden, die über die alltägliche wirkliche Welt hinausgeht.

344 Ebd., S.151.
345 Ebd., S.153.
346 Ebd., Bd. 2, S.227.

Und vor dem ersten Fragment steht eine Zueignung. Dort schreibt Novalis folgendermaßen.

> „Freunde, der Boden ist arm, wir müssen reichlichen Samen / Ausstreuen, daß uns doch nur mäßige Ernten gedeihen."[347]

Samen des Unbedingten auszustreuen, um den armen Boden, der mit den bloßen endlichen Dingen erfüllt ist, reichlich zu machen, dies ist der Beruf des Novalis, der den Schriftstellernamen gewählt hat, der die Bedeutung des neu bebauten Landes hat.

b. Heidegger

Heidegger (1889-1976) nennt sein Erlebnis „Grunderfahrung des Nichts".[348] Bevor ich den konkreten Inhalt der Grunderfahrung darstelle, möchte ich die Struktur der Erfahrung erwähnen. Sie meint nämlich, dass er zusammen mit dem Nichts, das sich in der Grundstimmung der Angst enthüllt, das Grundgeschehen des Da-sein erfahren hat. Die Angst ist für Heidegger die Grundstimmung, weil sie das Seiende im Ganzen enthüllt und das Nichts in ihr geschieht. Heidegger sagt; „Alle Dinge und wir selbst versinken in eine Gleichgültigkeit." Wir zitieren die folgenden etwas langen Sätze.[349]

> „Dies jedoch nicht im Sinne eines bloßen Verschwindens, sondern in ihrem Wegrücken als solchem kehren sie sich uns zu. Dieses Wegrücken des Seienden im Ganzen, das uns in der Angst umdrängt, bedrängt uns. Es bleibt kein Halt. Es bleibt nur und kommt über uns – im Entgleiten des Seienden – dieses „kein".

347 Ebd.

348 „Was ist Metaphysik?", Vittorio Klostermann 1965, S.30. Dieses Buch enthält als Text die Antrittsvorlesung, die 1929 in der Aula der Universität Freiburg i.Br. gehalten wurde, und das Nachwort (1943) und die Einleitung (1949). Unten wird nur die Seitenzahl angezeigt.

349 S. 32, S. 33.

> Die Angst offenbart das Nichts. Wir „schweben" in Angst. Deutlicher: die Angst läßt uns schweben, weil sie das Seiende im Ganzen zum Entgleiten bringt. Darin liegt, daß wir selbst – diese seienden Menschen – inmitten des Seienden uns mitentgleiten. Nur das reine Da-sein in der Durchschütterung dieses Schwebens, darin es sich an nichts halten kann, ist noch da."

> „Daß die Angst das Nichts enthüllt, bestätigt der Mensch selbst unmittelbar dann, wenn die Angst gewichen ist. In der Helle des Blickes, den die frische Erinnerung trägt, müssen wir sagen: wovor und worum wir uns ängstigen, war „eigentlich" – nichts. In der Tat: das Nichts selbst – als solches – war da."

Wenn wir einmal diese Sätze lesen, bemerken wir gleich, dass die Erfahrung Heideggers derselben des Novalis erstaunlich ähnlich ist. Heideggers Satz „Es bleibt kein Halt." ist fast derselbe. Diese Ähnlichkeit hat ihren guten Grund. Der Zusammenbruch des Subjektes des Denkens als des Gesichtspunktes des vergegenständlichenden Denkens geschieht bei ihnen in gleicher Weise (Wie später gezeigt wird, ist es bei Hegel etwas anders). Der Ausdruck „Es bleibt kein Halt." drückt diesen Zusammenbruch aus. Heidegger sagt, dass die Angst keinen Gegenstand hat. Warum hat sie keinen Gegenstand? Weil sie das ist, was im Verlauf des Zusammenbruchs des Subjektes des Denkens selbst als Stützpunkt des vergegenständlichen Denkens geschieht. Für die Angst kann es, wie Heidegger sagt, einen Gegentand nicht geben. Wir haben schon erwähnt, dass Heidegger sagt, in der Angst „versinken alle Dinge und wir selbst in eine Gleichgültigkeit ". Novalis schreibt auch, nicht im Gedicht, das wir zitiert haben, sondern in seinem Tagebuch zu der Zeit, als er die Angst erfährt: „Die Dinge um mich her immer gleichgültiger."[350]

Novalis sagt, alles zeigt sich in der Angst von weiten gespenstisch und die sicheren Stützen schwanken, kein Halt der Zuversicht.

350 NOVALIS Werke, Bd.1, S.466.

Heidegger schildert das noch sorgfältiger. Was in dem Zustand, das in der Angst alle Dinge und wir selbst in eine Gleichgültigkeit versinken, geschieht, ist, dass alle Dinge, fortgesetzt entgleitend in der Weise des Wegrückens (d. h., sie setzt nur die Bewegung des Entgleitens fort, aber tatsächlich nie entgleitet), sich uns zukehren. Dieses Wegrücken aller Dinge, das in der Angst umdrängt, bedrängt uns. Die Angst lässt uns schweben, weil sie alle Dinge zum Entgleiten bringt. Es bleibt kein Halt. In der „Durchschütterung" des Schwebens bleibt kein Halt. Das Nichts bei Heidegger ist dieses „kein". Und nur das reine Da-sein in der „Durchschütterung" dieses Schwebens, darin es sich an nichts halten kann, ist noch da.

Um es anders auszudrücken, bedeutet der Satz „Es bleibt kein Halt.", wie schon bemerkt, den Zusammenbruch des Subjektes des Denkens als Gesichtspunktes des vergegenständlichenden Denkens. Das heißt, wie Heidegger sagt, den Verstand zu verabschieden[351] (Wie später gezeigt, spricht Hegel auch vom Untergang des Verstandes). Und was in dieser Durchschütterung des Schwebens, darin es sich an nichts halten kann, noch da ist, ist nur die Tatsache „Rein noch da sein". Das Da-sein ist das terminologisch ausgedrückte Wort dieser Tatsache. Das Da-sein geschieht nämlich inmitten des Geschehens des Nichts in der Angst. Aber damit das Da-sein inmitten des Geschehens des Nichts zustande kommt, ist es unentbehrlich, diese Tatsache zu erkennen. Wenn diese Erkenntnis fehlt, würden die Begriffe des Nichts und des Da-seins nicht zustande kommen können. Es ist, wie Heidegger in den oben zitierten zweiten Sätzen sagt, „die Helle des Blickes", die diese Tatsache erkennen läßt. Durch diese Helle kommt das Da-sein zustande, das inmitten des Nichts, das sich in der Grundstimmung der Angst ereignet. Das Da-sein offenbart sich. Heidegger sagt, dass der Mensch sich in sein Da-sein verwandelt, indem es sich offenbart.

Nun schreibt Novalis, dass wilde Schrecken so ängstlich leise anschleichen, und tiefe Nächte die Seele zentnerschwer bedecken. Aber Heidegger erscheint in den zitierten Sätzen so, als ob er ganz ruhig wäre und mit dem Schrecken nichts zu tun hätte. Doch

---

351 S. 28.

die Tatsache ist nicht so. Er schreibt im „Nachwort" dieser Vorlesung, dass die Angst der Schrecken des Abgrundes und das Nichts der Abgrund ist.[352] Heidegger hat auch anschleichende „wilde Schrecken", wie Novalis schreibt, erfahren. Heidegger hat in diesem Text plötzlich und nur einmal das Wort „Nacht" gebraucht, nämlich wie „in der hellen Nacht des Nichts der Angst".[353]

Die helle Nacht, über die er hier spricht, bedeutet die Helle der Nacht. Diese Helle offenbart sich in der Nacht als das Nichts der Angst. In der tiefen Nacht der Seele, in der Denken und Sinne vergangen sind, geschieht diese Helle. Das Geschehen dieser Helle ermöglicht die Geburt des Blicks, der die tiefe Nacht erblickt. Novalis spricht über „die unendlichen Augen, die die Nacht in uns geöffnet". Das ist bei Heidegger auch der Fall. In den oben zitierten zweiten Sätzen heißt es „In der Helle des Blickes". Dieser Blick ist nicht erst dann geboren, wenn die Angst gewichen ist. Sondern der Blick hat in der hellen Nacht des Nichts der Angst schon als die Helle, die sich dort offenbart, erblickt und erinnert sich ihrer erst, wenn die Angst gewichen ist. Der Ausdruck „die Helle des Blickes" bedeutet nämlich, dass der Blick die Helle und die Helle der Blick ist.

Was bei Heidegger anders als bei Novalis ist, ist, dass Heidegger das Nichts als Hauptwort terminologisch ausdrückt (bei Hegel ist das auch der Fall). Im Tagebuch des Novalis gibt es die Beschreibung „nichts". Aber sie ist ein Pronomen mit Kleinbuchstabe geschrieben. Bei Novalis gibt es das Denken nicht, das sie als das Nichts eines Hauptwortes thematisiert. „Die Grunderfahrung des Nichts" bei Heidegger heißt das Nichts gründlich zu erfahren und, anders ausgedrückt, heißt sie, dem Nichts zu begegnen. Er spricht darüber, dass er den Verstand verabschieden, indem er dem Nichts begegnet. Weil das Nichts die Vernichtung des verständlichen Denkens ist, ist die Erfahrung des Nichts die Erfahrung der Vernichtung des verständlichen Denkens. Die Verabschiedung vom Verstand verwirklicht sich durch die Vernichtung des Verstandes. Was der Verstand auch immer sagen mag, kann er die Erfahrung

352 S. 46 , S.51.
353 S. 34.

des Nichts nie erreichen. Weil die Erfahrung des Nichts als das Nichts des Verstandes zustande kommt, wenn der Verstand verschwindet und vernichtet ist. Solange der Verstand besteht, kann es das Nichts nicht geben. Der Verstand hat nämlich kein Recht, das Nichts zu bezeugen.

Heidegger sagt, dass es zweierlei Transzendenz gibt und zwischen beiden ein wesenhafter Unterschied besteht. Die eine ist die des Verstandes: das Erfassen des Ganzen des Seienden an sich. Der Verstand geht über das Ganze des Seienden nach außen hinaus und überblickt sie von außen. Der Verstand versucht, das Ganze des Seienden an sich absolut zu erfassen. Aber das ist grundsätzlich unmöglich, sagt Heidegger.[354] Das ist nur eine blinde Eigensinnigkeit des schweifenden Verstandes.[355] Die andere Transzendenz ist die, die Heidegger meint: das Sichbefinden inmitten des Seienden im Ganzen. Das „Da" des Da-seins ist „Inmitten des Seienden im Ganzen". Das Da-sein geschieht in der Grundstimmung der Angst, und zwar in der „Durchschütterung" des Schwebens, darin es sich an nichts halten kann, auf die Weise, dass es rein noch da ist. So „ist das Da-sein sichhineinhaltend in das Nichts je schon über das Seiende im Ganzen hinaus".[356] Anders ausgedrückt, ist das Da-sein auf die Weise „des Sichbefindens inmitten des Seienden im Ganzen" über das Seiende im Ganzen hinaus, indem es, sich hineinhaltend in das Nichts, da ist. Dieses Hinaussein über das Seiende im Ganzen nennt Heidegger die Transzendenz.[357] Und solche Seinsweise des Da-seins nennt er auch terminologisch das „In-der-Welt-sein". Dieses Wort entspricht „dem Inneren der Dinge" bei Hofmannsthal, „dem Weltinnenraum" bei Rilke und, wie später gezeigt wird, „dem Inneren der Natur" bei Hegel.

354 S.30.
355 S.29.
356 S.35.
357 Ebd.

c. Hegel – von der Nacht der Seele zur „Wissenschaft der Logik"

Das Nichts bei Hegel stammt aus der Erfahrung, dass er an starker Hypochondrie gelitten hat. In dem Brief vom 27. Mai 1810 schreibt er über seine Krankheit. Er hat von seinem Freund, der auch an starker Hypochondrie leidet, einen Brief bekommen, in dem er über seinen eignen Gemütszustand klagt. Hegels Brief ist als Antwort verfasst.[358]

> „Ich kenne aus eigner Erfahrung diese Stimmung des Gemüts oder vielmehr der Vernunft".

Diese Stimmung im Zitat verweist auf folgenden Zustand, den er selbst erfahren hat.

> „Dieses Hinabsteigen in dunkle Regionen, wo sich nichts fest, bestimmt und sicher zeigt, allenthalben Lichtglänze blitzen, aber neben Abgründen, durch ihre Helle viel mehr getrübt, verführt durch die Umgebung, falsche Reflexe werfen als erleuchten"

Wenn man die Erfahrung Hegels mit derjenigen der Angst bei Novalis vergleicht, bemerkt man sofort zwei Übereinstimmungen. Erstens, dass nichts sich in diesen dunklen Regionen fest, bestimmt und sicher zeigt. Zweitens, dass es in diesen dunklen Regionen Lichtglänze gibt. Diese Helle ermöglicht die Erkenntnis des Stimmungszustandes. Aber es gibt einen Unterschied, dass diese Helle bei Hegel durch die Lichtglänze (Plural) erleuchtet entsteht. Ist das ein typisches Symptom für Hypochondrie? Hegel nennt diesen Gemütszustand „ein Chaos der Erscheinungen". Alles, was erscheint, ist im Zustand des Chaos. In Hegels Brief heißt es weiter.

358 PhB., Bd. 235, S.314.

> „Ich habe an dieser Hypochondrie ein paar Jahre bis zur Entkräftung gelitten; jeder Mensch hat wohl überhaupt einen solchen Wendepunkt im Leben, den nächtlichen Punkt der Kontraktion seines Wesens".

Bei Hegel offenbart sich „die Nacht" im Symptom der Hypochondrie, an der er bis zur Entkräftung gelitten hat. Was Hegel in seinem nächtlichen Punkt als seinem Wendepunkt im Leben erfahren hat, ist „die Kontraktion" seines Wesens, wo seine Fähigkeit des Denkens und der sinnlichen Wahrnehmung verschwunden ist. Führen wir den Beweis dafür an. Zuerst für das Verschwinden des Sinnes.

Im Jahre 1812 – das ist zwei Jahre später, nachdem dieser Brief geschrieben ist, und in dem Jahr, mit dem die Veröffentlichung der Logik beginnt – schreibt Hegel über die Methode, wie die Gymnasiasten das Studium der Philosophie anfangen sollen.

> „Der Jugend muß zuerst das Sehen und Hören vergehen. sie muß vom konkreten Vorstellen abgezogen, in die innere Nacht der Seele zurückgezogen werden".[359]

Das Sehen und Hören verbindet sich als Wahrnehmung mit dem konkreten Vorstellen. Nach Hegel öffnet sich „die innere Nacht der Seele", indem das Sehen und Hören vergeht. Hier erklärt Hegel den Gymnasiasten, dass die Philosophie in der übersinnlichen Welt als der inneren Nacht der Seele beginnt. Und über diese Nacht schreibt er zwei Jahre davor in seinem Brief als seine eigene Erfahrung.

Als Nächstes führen wir den Beweis dafür an, dass sein Denken in der Nacht verschwunden ist, die sich in der Kontraktion seines Wesens offenbart. Zum Beispiel gibt es folgende Stelle in der *Differenzschrift* von 1801, die das erste Werk ist, in dem Hegel „den nächtlichen Punkt" logisch darzustellen versucht.

---

359 Gesammelte Werke, Bd.10, S.830.

„Das Absolute ist die Nacht und das Licht jünger als sie, und der Unterschied beider, so wie das Heraustreten des Lichts aus der Nacht eine absolute Differenz.“[360]

Hegel sagt, die Nacht sei das Absolute. Warum ist sie absolut? Weil es dort keinen Standpunkt mehr gibt, der das Vergegenständlichen und Relativieren von Sachverhalten ermöglicht. Die Fähigkeit der Wahrnehmung ist auch vergangen. Deshalb verschwindet das sinnliche Licht und die Seele wird von der Nacht bedeckt. In dieser Nacht der Seele ist die Fähigkeit des Denkens auch verschwunden. Wenn das Denken nicht verschwunden wäre, würde es den Sachverhalt relativieren können. Weil alle relativierenden Standpunkte vergangen sind, ist die Nacht absolut.

In dieser Nacht tritt das Licht heraus. Dieses Licht ist das Licht, von dem Hegel in seinem Brief spricht. Bevor das Licht heraustritt, besteht schon die Nacht. Und in der Nacht tritt das Licht heraus. Hegel schreibt „das Heraustreten des Lichts aus der Nacht“. Diese Differenz von Nacht und Licht ist auch über die Relativierung hinaus und deshalb ist diese Differenz auch absolut. Im Anschluss an die oben zitierten Sätze schreibt Hegel.

„Das Nichts das Erste, woraus alles Sein, alle Mannigfaltigkeit des Endlichen hervorgegangen ist“.[361]

Die oben angeführten zwei Sätze entsprechen der Beschreibung des Anfangs im Alten Testament. In der „Genesis“ steht geschrieben: „Die Erde war wüst und leer / und es war finster auf der Tiefe / … Und Gott sprach / Es werde Licht / Und es ward Licht“.[362] Und die anderen angeführten Sätze entsprechen der „creatio ex nihilo“ im Christentum. Wir können sagen, dass der Anblick auf dem tiefsten Grund der Seele, den Hegel in seiner Erfahrung erblickt hat, für ihn genau so war wie in der Genesis beschrieben.

360 Ebd., Bd.4, S.16.

361 Ebd.

362 Nach der Übersetzung von Luther.

Wir haben "die innere Nacht der Seele", von der Hegel zu den Gymnasiasten geredet hat, und die „Nacht" in der *Differenzschrift* von 1801 betrachtet. Nun müssen wir fragen, wann er selbst „den nächtlichen Punkt" als seinen „Wendepunkt im Leben" erfahren hat. Er schreibt an einer anderen Stelle: „Diese Hypochondrie fällt meist etwa um das 27ste Jahr des Lebensalters oder zwischen dasselbe und das sechsunddreißigste"[363] Und in den angeführten Sätzen wird gesagt: „Ich habe … ein paar Jahre … gelitten". Und wie schon erwähnt ist die Erfahrung der Nacht schon in der *Differenzschrift* von 1801 ausgedrückt. So dauerte die Erfahrung der Hypochondrie mindestens vom Jahr 1797 bis zum Jahr 1800. Das entspricht seiner ganzen Frankfurter Zeit. Die im Jahr 1812 ausgesprochene Erfahrung „der inneren Nacht der Seele" kann bis auf sein 27. Lebensjahr in der Frankfurter Zeit zurückgehen.

Das Wort „Nacht" tritt in den Schriften seiner Jugend häufig auf. Die innere Nacht der Seele offenbart sich und in ihr tritt das Licht auf, wenn diese wirkliche Welt vergeht, indem die Tätigkeit des Denkens und der Wahrnehmung vergeht. Die Offenheit des Absoluten als der Nacht und dessen Erkenntnis ermöglicht die „Beleuchtung des Lichts". Und umgekehrt kann man sagen, dass diese wirkliche Welt vergeht, indem die Tätigkeit des Denkens und der Wahrnehmung vergeht. Das bedeutet, dass diese wirkliche Welt, nämlich „alles Sein, alle Mannigfaltigkeit des Endlichen" durch die Tätigkeit des Denkens und der Wahrnehmung zustande gekommen ist. Deshalb sagt Hegel: „Aus dem Nichts (= aus der Nacht) ist alles Sein, alle Mannigfaltigkeit des Endlichen hervorgegangen."

Wie in den oben angeführten Sätzen deutlich wird, ist bei Hegel die Nacht das Nichts (bei Heidegger ist das auch der Fall). Dieses Nichts ist aber nicht die bloße Leere, sondern die Fülle (wie bei dem Nichts in der traditionellen Kultur Japans). In „Glauben und Wissen", das 1802 veröffentlicht wurde, sagt Hegel, dass Nacht und Nichts „die Unendlichkeit", die durch die Vernichtung der Endlichkeit entsteht und „der geheime Abgrund, der

363 Hegel-Studien, Bd.1. S.35.

die Geburtsstätte der Wahrheit ist".[364] Und „alles versinkt in dem Abgrund des Nichts."[365] Mit anderen Worten sagt Hegel auch, „das Seiende ist in dieser Nacht zurückgegangen."[366] Ferner sagt Hegel, die Nacht ist „die absolute Möglichkeit von allem, das alles in seiner Vernichtung enthält."[367] Alles ist, „ohne als Gegenstand vor die Vorstellung herausgestellt zu sein, bewußtlos. Und der Mensch ist diese Nacht, dies leere Nichts, das alles in ihrer Einfachheit enthält."[368] Hegel nennt diese Nacht „das Innre der Natur" und „reines Selbst".[369] Das Wort Hegels „das Innre der Natur" ist, wie schon bemerkt, dem Wort Hofmannsthals „das Innere der Dinge" sehr ähnlich.

In der *Phänomenologie des Geistes* (1807) hat das Wort „Nacht" auch eine tragende Bedeutung. Hegel schreibt, die Nacht ist „die reine Gewißheit seiner selbst" und „in der Nacht ward die Substanz verraten und machte sich zum Subjekt".[370] Die Erkenntnis, dass in der Nacht die Substanz verraten wurde, ermöglicht die Beleuchtung des Lichts, das in der Nacht auftritt. In der Nacht, in der alle Subjektivität vergangen ist, ist das Licht, das dort auftritt, das absolute Subjekt. Hegels Entschluss in der *Phänomenologie des Geistes*, „das Wahre nicht als *Substanz*, sondern eben sosehr als *Subjekt* aufzufassen und auszudrücken",[371] ist aus der Gewissheit der Nacht und des Lichts entstanden. Wie Hegel in der *Differenzschrift* über den Untergang des Verstandes spricht, spricht er in der *Phänomenologie des Geistes* über „das Übersicht-Vergessen". Wir zitieren seine Sätze.[372]

> „Statt in den immanenten Inhalt der Sache einzugehen, übersieht er (= der formelle Verstand) immer das Ganze und

364 Gesammelte Werke, Bd.4, S.413.
365 Ebd.
366 Ebd., Bd.8, S.187.
367 Ebd., S.83 .
368 Ebd., S.186, S.187.
369 Ebd.
370 Ebd., Bd.9, S.377.
371 Ebd., S.18.
372 Ebd., S. 39

steht über dem einzelnen Dasein, von dem er spricht, d. h. er sieht es gar nicht. Das wissenschaftliche Erkennen erfordert aber vielmehr, sich dem Leben des Gegenstandes zu übergeben oder, was dasselbe ist, die innere Notwendigkeit desselben vor sich zu haben und auszusprechen. Sich so in seinen Gegenstand vertiefend, vergißt es jener Übersicht, welche nur die Reflexion des Wissens aus dem Inhalte in sich selbst ist.“

„Sich dem Leben des Gegenstandes zu übergeben“, oder „die innere Notwendigkeit desselben vor sich zu haben“, und „sich in seinen Gegenstand zu vertiefen“, diese Worte heißen, mit den Worten aus Jenaer Zeit, das Innre der Natur zu erreichen. Es wird durch das Übersicht-Vergessen ermöglicht. Durch den Untergang des Verstandes, was dasselbe ist, indem der Verstand untergeht, vergisst man die Übersicht. Das Übersicht-Vergessen heißt nämlich, wie im vorigen Aufsatz geschrieben, sich selbst Vergessen. Durch das sich selbst Vergessen geschieht erst das Übersicht-Vergessen. Und dieses Wort Hegels bedeutet dasselbe wie Heideggers Wort „den Verstand verabschieden“.

Die Philosophie bei Descartes ist die des Verstandes und die Philosophie bei Hegel die der Vernunft. Über das Geheimnis, wo und wie die Vernunft geboren wird, redet Hegel in seinem Brief von 1810. Dort steht ein Paragraph: „Ich kenne aus eigner Erfahrung diese Stimmung … der Vernunft.“ „Diese Stimmung der Vernunft“, die hier geschrieben ist, zeigt auf den Gemütszustand des „Hinabsteigens in dunkle Regionen“, den Hegel erfahren hat. Die Vernunft hat nämlich die Geburtsstätte in den dunklen Regionen (in diesen Regionen öffnet sich das Innre der Natur).

Vergleichen wir das vernünftige Denken bei Hegel mit dem verständlichen Denken bei Descartes. Zuerst zitieren wir die Auffassung des Denkens bei Hegel.

„Das Denken, wie es die Substanz der äußerlichen Dinge ausmacht, ist auch die allgemeine Substanz des Geistigen. In allem menschlichen Anschauen ist Denken; ebenso ist das Denken das Allgemeine in allen Vorstellungen,

> Erinnerungen und überhaupt in jeder geistigen Tätigkeit, in allen Wollen, Wünschen usf. Dies alles sind nur weitere Spezifikationen des Denkens. Betrachten wir das Denken als das wahrhaft Allgemeine alles Natürlichen und auch alles Geistigen, so greift dasselbe über alles dieses über und ist die Grundlage von allem."[373]

Das vernünftige Denken Hegels hat die Geburtsstätte im Inneren der Natur. Die Vernunft, die in der Nacht zustande gekommen ist, die das alles in seiner Vernichtung enthaltende Chaos und die absolute Möglichkeit von allem ist, ist „das wahrhaft Allgemeine alles Natürlichen und auch alles Geistigen" und macht „die Substanz der äußerlichen Dinge" und „die Grundlage von allem" aus. Und die Stelle, dass „das Denken über alles dieses (= alles Natürliche und auch alles Geistige) übergreift, zeigt auf das Element des Verstandes, das der Vernunft inhärent ist.

Anschließend die Definition des Denkens bei Descartes aus seinen *Prinzipien der Philosophie.*:

> „Unter Denken verstehe ich alles, was derart in uns geschieht, dass wir uns seiner unmittelbar aus uns selbst bewußt sind. Deshalb gehört nicht bloß das Einsehen, Wollen, Einbilden, sondern auch das Wahrnehmen hier zum Denken."[374]

Was zwischen Hegel und Descartes gemeinsam ist, ist das feste Vertrauen, das Denken auf eine Grundlage zu stellen. Aber zwischen beiden gibt es einen entscheidenden Unterschied. Bekanntlich unterscheidet Descartes streng den Geist von dem Körper und das Denken als das Attribut des Geistes hat nur eine äußere Beziehung mit dem Körper. Dagegen macht das Denken bei Hegel die Substanz nicht nur von dem Geist aus, sondern auch von dem Körper (von den äußeren Dingen). In der *Phänomenologie des Geistes* spricht Hegel über das Übersicht-Vergessen. Der

373 Werke in zwanzig Bänden, Bd.8, S.82.

374 PhB., Bd.28, S.3.

Verstand übersieht nur immer das Ganze und geht nie auf den immanenten Inhalt der Sache. Für Hegel heißt Wissenschaft, die innere Notwendigkeit des Gegenstandes vor sich zu haben und sie auszusprechen.

Was Hegel als die innere Notwendigkeit des Gegenstandes vor sich hatte und sie als die Sache des Denkens ausgesprochen hat, das ist seine Dialektik. Hegel stellt an der Stelle von dem Sein und Nichts und dem Werden am Anfang der Logik nur die Tatsache dar, dass das Denken plötzlich verschwindet und wieder plötzlich aufersteht. Er nennt diese Bewegung des Denkens, dass es vom Sein in Nichts und umgekehrt vom Nichts in Sein übergeht; das Werden. Hegel hat hier die Sache, die er erfahren (gelebt) hat, logisch ausgesprochen. Aber schon zu Hegels Lebzeiten waren die Vorwürfe und Angriffe, wie er selbst erwähnt, auf diese Darstellung gerichtet. Und sie sind bis heute nicht verstummt. Die Veröffentlichung der Logik hat 1812 begonnen und so dauern die Vorwürfe und Angriffe schon mehr als zweihundert Jahre. Es kommt mir sehr seltsam vor, dass die Hegelianer, die die Dialektik Hegels anerkennen, ihm vorwerfen, dass seine Darstellung (besonders von dem Werden) unsinnig sei.

Um das Verständnis der Dialektik Hegels zu erleichtern, machen wir hier einen Umweg. Wir bringen die Rede auf einen deutschen Philosophen Eugen Herrigel (1884-1955). Er hat sich von 1924 bis 1929 in Japan aufgehalten. Um bei seinem Aufenthalt in Japan die esoterische Geheimnisse von Zen zu meistern, hat er sich eifrig den Übungen im Japanischen Bogenschießen gewidmet. Nach fünfjährigen, körperlich und geistig mühsamen Übungen wurde ihm der Titel eines Meisters verliehen. Die Erfahrung der Übungen im japanischen Bogenschießen bedeutet für ihn, den Übergang von der europäischen Kultur zur völlig fremden japanischen Kultur zu erfahren. Herrigel hat aufgezeichnet, was er damals erfahren hat. Über die Figur des japanischen Bogenschießens schreibt er wie folgt.

> „Dem Spannen des Bogens geht eine einleitende Zeremonie voraus: es werden bestimmte Schritte ausgeführt, durch die sich der Schütze der Zielscheibe allmählich gegenüber-

> bringt, unterbrochen durch Stillestehen und bedeutsames Atmen. Wenn sich der Schütze danach anschickt, den Bogen zu spannen, ist er schon in einem Maße konzentriert, daß es ihm gelingt, sich völlig zu versenken. Ist der Bogen gespannt, so wird der Zustand der Versunkenheit endgültig und vertieft sich, je länger die Spannung dauert, so daß sich alles weitere Geschehen jenseits des Bewußtseins abspielt. Der Schütze kommt erst wieder zu „sich" in dem Augenblicke des Schusses, nicht allmählich, sondern jählings. Mit einem Schlage ist ihm die vertraute Umgebung, die Welt, wieder da. In sie, der er entrückt war, sieht er sich wieder zurückgeworfen: durch eine Macht, die, durch ihn hindurchgehend, im fliegenden Pfeil weiterhin wirksam bleibt. So wird für den Schützen das „Nichts" und das „Etwas", trotz aller inneren Verschiedenheit, aufs innigste miteinander verbunden, ja auf einander angewiesen. Der Weg vom Etwas ins Nichts führt immer wieder ins Etwas zu rück; nicht, weil der Schütze zurück wollte, sondern weil er zurückgeworfen wird."[375]

Es geschieht durch das Sich- völlig-Versenken, dass sich alles weitere Geschehen jenseits des Bewusstseins abspielt. Und das verweist auf die Ichlosigkeit („Ichlosigkeit" ist eine wörtliche Übersetzung vom japanischen Wort „muga" – „mu" bedeutet „Nichts" und „ga" „Ich"). Der Schütze, der im Zustand der Versunkenheit war, kommt in dem Augenblick des Schusses jählings wieder zu sich. Der Schütze geht nämlich vom Zustand des Seins (des Ich) zum Zustand des Nichts (des Ich) über und kommt wieder jählings vom Zustand des Nichts (des Ich) zum Zustand des Seins (des Ich) zurück. Was erfährt denn der Schütze, wenn er als Ichlosigkeit im Zustand des Nichts war? Darüber sagt Herrigel wie folgt.

> „Es besteht im Grunde genommen zwischen dem Nichts und dem Etwas dieselbe unlösbare Beziehung wie zwischen

375 „Die ritterliche Kunst des Bogenschießens" in „NIPPON: Zeitschrift für Japanologie" Berlin, 1936. S.209.

voller Entrücktheit und klarem „Ich“-Bewußtsein. Die Erfahrung des Seins im Nichtsein wird zu einer Erfahrung des „Ich“ nur dadurch, daß der in die Ichlosigkeit Entrückte in das Ichsein, der „Gestorbene“ in das „Werden“ doch immer wieder zurückgeworfen wird und somit an sich selbst erfährt, was weit über den Rahmen seines Daseins hinaus Geltung besitzt.“[376]

Die Worte im Zitat; „an sich selbst zu erfahren, was weit über den Rahmen seines Daseins hinaus Geltung besitzt“, bedeuten mit den Worten in einer anderen Schrift,[377] dass der Geist überall gegenwärtig ist, weil er nirgendwo, an keiner besonderen Stelle, haftet, und auch, dass er sich allem öffnen kann, weil er leer ist. Darüber sagt Herrigel auch: „Versenkung bedeutet, schlicht gesagt, zunichte werden und gerade deshalb unendlich erfüllt sein.[378] Was Herrigel hier sagt, ist dasselbe wie die Worte von Zen Meister Dogen (1200-1253) in Japan. Dogen sagt:

„Den Buddha-Weg ergründen, heißt sich selbst vergessen. Sich selbst vergessen, heißt eins mit den zehntausend Dingen [das Wort „zehntausend“ bedeutet in der japanischen Sprache „allen“] sein. Eins mit den zehntausend Dingen sein, heißt Körper und Geist von uns selbst und Körper und Geist der Welt um uns fallen zu lassen.“[379]

Und am Anfang des Zitates Herrigels gibt es eine Stelle, wo er das Nichts mit voller Entrücktheit und Etwas (Seiendes) mit klarem Ich-Bewusstsein vergleicht. Über das klare Ich, das dem Nichts als voller Entrücktheit gegenübergestellt ist, schreibt er wie folgt.

---

376 Ebd., S.210.

377 „Zen in der Kunst des Bogenschießens / Der Zen-Weg“ Fischer Taschenbuch 16097, S.38.

378 „Die ritterliche Kunst des Bogenschießens“, S.211.

379 „Shobogenzo“ ,Übersetzung aus dem Japanischen: Ritsunen Gabriele Linnebach und Gudo Wafu Nishijima, Werner Kristkeitz Verlag, Bd.1, S.58.

> „Indem der Mensch sich von allem, was nicht er selbst ist, was nicht zu ihm gehört, immer gründlicher unterscheiden lernt, wird die Spannung zwischen Ich und Nicht-Ich als Gegensatz empfunden. Allem, was ist, als Objektivem gegenüberzutreten führt, je – bewußter , um so mehr – dazu, daß das Ich sich außerhalb stellt – außerhalb dessen, was ihm »entgegen« ist.“[380]

Herrigel spricht hier über den europäischen Geist, der, wie Hegel schreibt, die Welt sich gegenübersetzt und sich von ihr frei macht. Herrigel schreibt, dass das Ich sich außerhalb stellt – außerhalb dessen, was ihm »entgegen« ist. Es ist Descartes, der dieses Ich begründet hat als den Gesichtspunkt, der alles vergegenständlicht. Das Kernereignis, das in den Übungen des Bogenschießens von Herrigel geschieht, ist die Vernichtung dieses alles vergegenständlichenden Ich.

Durch diese Erfahrung verwandelt sich das Denken zur mystischen Spekulation, sagt Herrigel. Warum ist die Spekulation mystisch? Weil sie an „die mystische Grunderfahrung“ anknüpft, dass das Ich vernichtet wird. Auf Grund dieser Erfahrung denkt er spekulativ nach. Aber Herrigel hat nicht vergessen, hinzuzufügen, dass das Organ der Spekulation nun einmal das Denken und deren zureichender Grund das Ich-Bewusstsein sei, wenn auch sie mystisch sei.[381] Man sagt, dass Herrigel Kantianer sei. Aber was er hier sagt, ist Hegel sehr ähnlich. Wir können bei Herrigel und Hegel die Zähigkeit des europäischen Denkens finden, das auch das Mystische in sich aufnehmen will.

Nun kehren wir zum Thema zurück. Was Herrigel beim Bogenschießen erfährt, nämlich die Bewegung des Denkens, vom Sein zum Nichts überzugehen und wieder vom Nichts zum Sein zurückzukommen, erfährt Hegel, als er an Hypochondrie leidet (Es kann natürlich einen Unterschied geben, dass die Bewegung bei Herrigel beim Bogenschießen immer geschieht aber bei Hegel selten). Diese Bewegung des Denkens, das vom Sein in Nichts

380 „Zen in der Kunst des Bogenschießens / Der Zen-Weg“, S.175.

381 „Die ritterliche Kunst des Bogenschießens“, S.210.

übergeht und wieder vom Nichts in Sein zurückkommt, stellt Hegel im Anfang der Logik logisch dar. Lesen wir „a. *Einheit des Seins und Nichts*" in „C. Werden". Zuerst zitieren wir Hegels Sätze ((1), (2) und (3) sind Einfügungen des Verfassers)

> „*Das reine Sein und das reine Nichts ist also dasselbe.* (1) Was die Wahrheit ist, ist weder das Sein, noch das Nichts, sondern daß das Sein in Nichts und das Nichts in Sein, – nicht übergeht, sondern übergegangen ist. (2) Aber eben so sehr ist die Wahrheit nicht ihre Ununterschiedenheit, sondern daß *sie nicht dasselbe*, daß *sie absolut unterschieden*, aber eben so ungetrennt und untrennbar sind, und unmittelbar *jedes in seinem Gegenteil verschwindet.* (3) Ihre Wahrheit ist also diese *Bewegung* des unmittelbaren Verschwindens des einen in dem andern : das *Werden*, eine Bewegung, worin beide unterschieden sind, aber durch einen Unterschied, der sich ebenso unmittelbar aufgelöst hat."[382]

Wir können die drei Wahrheiten wie folgt zusammenfassen.

(1) Dass das Sein in Nichts und das Nichts in Sein, –nicht übergeht, sondern übergegangen ist.
(2) Dass das Sein und das Nichts absolut unterschieden sind, aber jedes unmittelbar in seinem Gegenteil verschwindet.
(3) Die Bewegung, dass jedes unmittelbar in seinem Gegenteil verschwindet, ist das Werden. In dieser Bewegung des Werdens sind beide absolut unterschieden, aber durch einen Unterschied, der sich unmittelbar aufgelöst hat.

Das Sein, das Nichts und das Werden sind je das Sein des Denkens, das Nichts des Denkens und das Werden des Denkens. Um das zu demonstrieren, ersetzen wir durch diese Worte die Stellen des Seins, des Nichts und des Werdens, die sich in den von drei Wahrheiten oben zusammenfassten Sätzen finden.

382 Gesammelte Werke, Bd.21, S. 69, S.70.

(1) Dass das Sein des Denkens in Nichts des Denkens und das Nichts des Denkens in Sein des Denkens, – nicht übergeht, sondern übergegangen ist.
(2) Dass das Sein des Denkens und das Nichts des Denkens absolut unterschieden sind, aber jedes unmittelbar in seinem Gegenteil verschwindet.
(3) Die Bewegung, dass jedes unmittelbar in seinem Gegenteil verschwindet, ist das Werden des Denkens. In dieser Bewegung des Werdens des Denkens sind beide absolut unterschieden, aber durch einen Unterschied, der sich unmittelbar aufgelöst hat.

Der Übergang vom Sein des Denkens in Nichts des Denkens ist das Verschwinden des Denkens und der Übergang vom Nichts des Denkens in Sein des Denkens das Entstehen des Denkens. Warum Hegel diesen Übergang nicht in Präsens („nicht übergeht"), sondern im Perfekt („übergegangen ist") ausdrückt? Dafür gibt es einen hinreichenden Grund. Er denkt diesen Übergang als die Sache des Denkens.

> „In der reinen Reflexion des Anfangs, wie er in dieser Logik mit dem Sein als solchem gemacht wird, ist der Übergang noch verborgen; weil das Sein nur als unmittelbar gesetzt ist, bricht das Nichts an ihm nur unmittelbar hervor."[383]

Kurz gesagt, denkt Hegel, dass das übergehende Denken inmitten seines Übergangs sich selbst noch nicht erfassen kann. Und so ist der Übergang diesem Denken noch verborgen. Das Denken verschwindet plötzlich und erscheint nun wieder plötzlich. Deshalb ist der Unterschied zwischen dem Sein des Denkens und dem Nichts des Denkens „absolut" (Relativierung ist unmöglich). Und jedes verschwindet „unmittelbar" in seinem Gegenteil (das Denken kann dieses Geschehen nicht vermitteln). Aber dass das Sein des Denkens in Nichts des Denkens und das Nichts des Denkens in Sein des Denkens übergegangen ist, ist in der Erinnerung

383 Ebd., Bd.21, S. 86.

aufbewahrt. Bei Hegel ist die Erinnerung wichtig, weil der Übergang in ihr aufbewahrt ist. In diesem Übergang ist die Bewegung des Werdens des Denkens enthalten. „In dieser Bewegung des Werdens des Denkens sind beide absolut unterschieden, aber durch einen Unterschied, der sich unmittelbar aufgelöst hat."

Wie schon erwähnt, kann das gerade zum Sein werdende Denken seinen Übergang nicht erfassen. Um diesen Übergang zu erfassen, wird ein anderes Denken benötigt. Das ist das Nachdenken. Über das Nachdenken, das beim Darstellen des Anfangs der Logik tätig ist, schreibt Hegel wie folgt.

> „Das Nachdenken, welches tiefere Bestimmungen für sie (Sein und Nichts) findet, ist das logische Denken, durch welches sich solche, nur nicht auf eine zufällige, sondern notwendige Weise, hervorbringen."[384]

Das Nachdenken ist „die äußere wie die innere Reflexion".[385] Das Nachdenken kann „tiefere Bestimmungen für Sein und Nichts finden", weil es als die äußere Reflexion mit dem anfangenden, vom Nichts zum Sein werdenden Denken (der inneren Reflexion) mitwirkend dieses Denken selbst von außen reflektiert. Hegel sagt, das Vorwärtsschreiten in der Philosophie sei vielmehr ein Rückwärtsgehen und Begründen.[386] Das anfangende, vom Nichts zum Sein werdende Denken als die innere Reflexion schreitet vorwärts, indem das Nachdenken als die äußere Reflexion rückwärtsgeht. Und durch dieses Verfahren kann dieses Denken begründet werden. In der *Enzyklopädie* heißt es: „Beweisen heißt in der Philosophie soviel als aufzeigen, wie der Gegenstand durch und aus sich selbst sich zu dem macht, was er ist."[387] Nun ist der Gegenstand, der zu beweisen ist, das Denken selbst. Hegel muss beweisen, wie das Denken durch und aus sich selbst sich zu dem macht, was es ist. Durch und aus sich selbst sich zu dem zu machen, was es ist,

---

384 Ebd., Bd.20, S.124.
385 Ebd., Bd.21, S.86.
386 Ebd., S.57.
387 Werke in zwanzig Bänden, Bd.8, S.179, S.180.

ist durch das Nachdenken als die äußere wie die innere Reflexion möglich. Und zudem ermöglicht auch dieses Verfahren, dass tiefere Bestimmungen für Sein und Nichts, die das Nachdenken findet, logisch und notwendig sind. Bei Hegel gibt es die Erfahrung, dass sein Denken vom Sein in Nichts und vom Nichts in Sein übergegangen ist. Dieser Übergang ist unmittelbar und der Unterschied des Seins und des Nichts absolut. Durch das Nachdenken erfasst Hegel diesen Übergang als die Dialektik des Werdens.

Zum Schluss müssen wir fragen, warum die Logik mit dem Sein anfängt. Hegel sagt: „Der Anfang muß *absoluter* oder, ... abstrakter Anfang sein; er darf so *nichts voraussetzen* ... Der Anfang ist also das *reine Sein*."[388] Das reine Sein bei Hegel ist das reine leere Denken, das, mit den Worten Gadamers, „noch gar nicht das ist, was Denken ist."[389] Das reine Sein, nämlich das reine leere Denken ist das Sein als das gerade vom Nichts in Sein übergehende Denken. Hegel sagt schon in *Glauben und Wissen* (1802), das Erste der Philosophie sei, das absolute Nichts zu erkennen[390] und das Sein sei nicht außer dem Denken, sondern beide (nämlich das Sein und das Denken) seien eins.[391] Wie schon erwähnt, sagt Hegel in der *Differenzschrift* (1801), das Nichts sei das Erste. In der Erfahrung existiert das Nichts im Voraus. Ehe man anfängt zu denken, existiert kein Denken. Die Aufgabe des Anfangs der Logik besteht darin, das Nichts zu erkennen. Weil es sich am Anfang der Logik um das Erkennen des Nichts handelt, kommt das Sein (des Denkens) als das Erste vor dem Nichts (des Denkens).

Was Hegel in A. Sein und B. Nichts (im *Ersten Kapitel* Sein) sagt, ist wesenhaft die Erkenntnis, dass Nichts ist (Nichts = Sein), und nicht, dass nichts ist. Und diese Darstellung von A. Sein und B. Nichts stellt er vor die Darstellung von *a. Einheit des Seins und Nichts* in C. Werden, weil hier von der Erkenntnis dieser Tatsache die Rede ist. Durch das Nachdenken nimmt Hegel aus der Einheit des Seins und Nichts als dem Werden diese Erkenntnis heraus

388 Gesammelte Werke, Bd.21, S.56.

389 Hegels Dialektik, 2. vermehrte Auflage, Tübingen 1980, S. 77.

390 390 Gesammelte Werke, Bd. 4, S.398.

391 Ebd., S.413.

und stellt deren Darstellung an den Anfang. Um das Denken als solches ohne jede Voraussetzung zu betrachten, soll der Anfang die Entstehung des Denkens selbst aus dem Nichts sein.